はじめて

松木武彦

★——ちくまプリマー新書

389

目次 ＊ Contents

はじめに

「考古学」と聞いて、みなさんはどう感じるでしょうか。土器や石器を掘り出して、暗いところでそれを並べ、邪馬台国のありかを探している。そんなイメージでしょうか。

二〇世紀までは、そんなところがあったかもしれません。けれども、二一世紀もそろそろ四分の一になろうかという今日、考古学も大きく変わりました。

一つめは、国際化です。日本人の考古学者が海外の学会で発表することが増え、考古学の大きな国際学会がしばしば日本で開かれるようになりました。それを通じて、海外の新しい理論や方法が取り入れられ、二〇世紀には想像もしなかったような遺跡や出土物や過去の解釈が、さまざまに行われるようになりました。「百舌鳥《もず》・古市古墳群」や「北海道・北東北の縄文遺跡群」「琉球王国のグスク及び関連遺産群」など、世界遺産に登録されて、日本人だけでなく人類全体の遺産として位置づけられる遺跡も増え、それらの研究も世界の考古学者にますます開かれつつあります。逆に、日本人の考古学者が世界の遺跡の調査と研究で重要な成果を次々にあげ、考古学の営みそのものに、日本と世界との壁がなくなってきました。

二つめは、学際化です。遺跡や出土物の年代や性格を決める作業を、考古学者だけが行うことが、ほとんど不可能になりました。考古学の直接の目的は過去を復元して歴史を組み立てることですが、その歴史の内容にも、人類学、地球科学、植物学、動物学、認知科学、数理学などが大きくかかわるようになってきています。考古学者が国や機関から研究費を受ける際も、若い学徒が研究職のポストを得るときも、学際的な研究への関心や実績が、かならず問われます。

三つめは、私が「職際化」とよんでいる動きです。過去の遺産に向き合うという考古学の仕事を、学者や研究者といわれる専門の「職」の人だけでなく、さまざまな「職」の人たちが担うようになってきたということです。遺跡の価値やおもしろさを社会に伝える手段として、考古学者の本や講演だけではなく、歌や絵などを通じてのアーティストの活動が注目されるようになり、私も魅了されています。考古学者もまた、遺跡の価値を未来に伝える手段として、行政、都市計画、観光など、さまざまな「職」の眼をもつことが必須となってきました。「職際化」の「際」とは、「きわ」とか「はて」とかいう意味です。それを超えて、いろいろな「職」、つまり「やくめ」や「つとめ」の人たちが、過去の遺産を共有しつつ、多様な意味を見つけ出していくことが、これからの考古学の大きな流れになるでしょう。

こんなことを考えていた二〇二一年の春に、非常勤講師として大学院の講義をしていた駒澤大学で、学部生を対象とした「日本考古学概説」の授業を担当することになりました。本来の担当教員が海外に留学することによる一年だけのピンチヒッターということで、引き受けました。なにぶん、基礎を伝える授業ですので、いま述べた「国際」「学際」「職際」による未来への展開だけではなく、これまでの過去における日本考古学の積み重ねについても説明しなければなりません。さいわい、その積み重ねは深く、厚く、未来に伝えていくべき価値があります。過去の積み重ねと未来への展開をつなぐ「のりしろ」の部分をよく伝えられるように、張りきって授業を準備しました。

ところが、新型コロナウィルスの感染拡大によって、授業を対面でおこなって、学生のみなさんに直接伝えることは、とうとうできませんでした。写真と図と文章で組み立てた十数ページ分の資料を毎回作成して配信し、その内容について小テストとレポートで理解度を確認してもらう遠隔方式の授業にせざるをえなかったのです。

学生のみなさんに一度も会えなかったことは残念ですが、その代わりに、一年間の授業が終わったあと、膨大な量の配信資料が手元に残っていました。それを本にしたのがこれです。ですから、書名も、授業名の『日本考古学概説』にするのが順当でしたが、それではあまりにもしかつめらしい教科書のようですし、教科書みたいに必要な事項をもらさず機械的に並べているものでもないので、この書名になりました。ただ、はじめて考古学に出会う人が、教科書として読んでいただいても、差し支えがないように作っています。

第一章では、これまでの日本考古学が積み重ねてきたことをお話しします。遺跡や、そこから掘り出されてきた物を、単なる石ころやうつわから、歴史を物語る資料へと価値を高めていくための方法。日本考古学の本分であるとともに、世界の考古学にも広く通じる、考古学の基礎です。

第二章から第五章までは、日本考古学の過去の積み重ねと、未来への展開とをつなぐ、長い「のりしろ」の部分です。ただの説明ではおもしろくないので、この部分は、人類の進化から日本列島での国づくりまでの長い期間、すなわち旧石器時代から縄文時代と弥生時代をへて古墳時代が終わるころまでの道筋を考古学でたどる、歴史のストーリーにしています。このストーリーを織りなす遺跡や遺物（遺跡から出てきた物）の解釈に、さきほど述べた国際化や学際化で盛んになってきた新しい理論や方法を織り込みました。未来の考古学のイメージが、少し見えてくるかと思います。

第六章では、現代から未来への考古学の展開を見据えました。過去への単なる興味だけではなく、私たちが生きる現代を作った過去がどうだったのか、ということを積極的に知ろうとする意志の上に成り立つ考古学のことを述べます。そして、その意志が、いまや考古学者という「職」を超えて、社会のさまざまな「職」の人びとに共有され、新しい考古学の世界が拡がりつつあるようすを紹介したいと思います。

第一章　考古学をはじめよう

考古学とは何か

大学で専攻が決まった年の夏休み、故郷に帰省して「考古学を専攻することにした」と近所のおじさんに言ったら、「そうか、恐竜の研究だね」と感心されました。研究者になってからも、一般の人から「恐竜についての質問」「化石鑑定の依頼」が研究室によく届きます。でも私には答えられません。なぜなら私は「考古学者」だから。恐竜を研究する人は、「古生物学者」です。では、考古学とは何をする学問？　なんでしょう？

図1の写真は、前の職場の岡山大学で、私が院生や学生の皆さんと一緒に古墳の発掘をしているところです。古墳とは、昔の人が、えらい人を壮大に葬った施設ですよね。そうです。私たち考古学者の研究目的は、「人」です。過去の人間が作った「モノ（物）」を発掘などで調べ、「人」すなわち人間の本質や歩みを明らかにするのが「考古学」の仕事です。考古学の目的は人間の解明。これが、この本で覚えていただきたい第一のことです。恐竜の時代には、まだ人間はいません。したがって、恐竜やその時代のことは、考古学の対象にはなりま

図１　古墳の発掘（岡山大学考古学研究室提供）

せん。

人間とは何か

　では、人間とは何でしょうか。人間のことを、生物学的には「ヒト」といいます。ヒトは、どれくらい前からいるのでしょうか。ヒトが出現した時代が、考古学が取り扱う時代ということになりますから、ヒトがいつ地球上に出現したかということを、きちんと押さえておく必要があります。

　ヒトの祖先は、チンパンジーの祖先と同じ動物でした。今のチンパンジーと同じように、森にすんで木の実などをとり、ときどき小動物を狩って食べる生活をしていました。森で進化したことのなごりは、私やみなさんの身体にも残っています。両腕を伸ばし、ぐるぐる回してみてください。もしとなりにイヌやネコがいれば、同じこと（前あしを伸ばしてぐるぐる回す）をしてみてください。できませんでしたね。無理やりしようとすると、嚙みつかれるか、引っかかれるかしたのではないですか？

ヒトの遠い祖先は森にすみ、木の枝にぶらさがって渡っていくようなやり方で移動していました。肩の可動範囲を大きくしてそれができるように進化したのです。ヒトがずっと地上で進化してきたのなら、腕をぐるぐる動かすことなどできなかったでしょう。私たちの身体そのものが、私たちの歴史の語り手なのです。

考古学の対象はいつから？

今から七〇〇万年ほど前、気候が寒冷化して、ヒトとチンパンジーの共通の祖先たちが住んでいたアフリカ大陸の森林が縮小し、たくさんの草原（サヴァンナ）が広がるようになりました。祖先たちは、森にとどまる者たちと、食料をもとめて平原という新天地に進出する者たちとに分かれました。草原に進出した者たちは、もはや前肢（腕）で木の枝にぶら下がって渡っていくのではなく、後肢（脚）で歩くことが主な移動手段になりました。直立二足歩行のきっかけです。

森から出て草原で生活するようになり、直立歩行を主な移動手段とするために脚が発達し始める。この段階からを「ヒト」といいます。それは七〇〇万年ほど前のことといわれています。考古学の研究対象はヒトですので、このときからが、考古学が取り扱う時代となります。考古学の研究対象となる時代は七〇〇万年前から。これが、この本でまず覚えていただきたいことの第二です。

考古学の対象はいつまで?

考古学の対象となる時代が、ヒトが出現した七〇〇万年前「から」だ、といま説明しましたが、では、いつ「まで」なのでしょうか。

さきほど、私たち考古学者の研究目的は、「人間」だといいました。過去の人間が作ったモノを発掘などで調べ、人間の本質や歩みを明らかにするのが考古学の仕事です。つまり、考古学の研究目的は人間＝ヒトであり、そのために使う資料は「人間ソノモノ」と「人間が作ったモノ」です。それぞれの資料の数をみると、人間ソノモノ、すなわち化石人骨や埋葬人骨やミイラなどよりも、「人間が作ったモノ」のほうが圧倒的多数を占めます。やや理屈っぽくいうと、「人間が作ったモノ」は、すべて過去のものですから、「人間が作ったモノ」が存在するすべての過去を、考古学は対象とします。

ただ、過去といっても昨日のことなどは、「人間が作ったモノ」よりも圧倒的に多くの記録や記憶が残っていますので、モノを通して昨日のことを復元することなどは、意味がありません。モノを通して復元する意味があるのは、記録や記憶が十分に残っていない、あるいは失われた過去のことです。考古学が対象としているもっとも新しい過去は、日本では主として第二次世界大戦の時代前後のことになります。たとえば日本では沖縄戦に備えて一九四四年から地下に設営が始まった「南風原《はえばる》陸軍病院濠」の発掘調査などがよく知られています。

物を対象とする意味

考古学といえば、ばくぜんと「古代」を対象にすると思っていた方は多いでしょうが、いまの説明で、考古学が対象とするのは「七〇〇万年前から、だいたい半世紀ほど前」という、たいへん広い時代にわたることを、わかっていただけたかと思います。

そして、沖縄戦の考古学の例をあげたように、モノすなわち物質資料（物的証拠）を研究の対象とする考古学は、文字による記録がなかったり、それが失われたり、信頼できなかったりする時代や分野の歴史を復元するときに、もっとも強みを発揮します。たとえば、日本の古代には、文字による記録『日本書紀』や『古事記』があります。しかしこれらの文字記録は、神たちが活躍したり、天皇の寿命が軒並み一〇〇歳を超えたりして、事実としては信頼がおけません。それで、考古学による古墳など（古墳も、巨大だけど「モノ」ですよね）の研究が、この時代の日本列島の歴史の真実を明らかにする有効な手段になるのです。

ただし、古墳は、いくら眺めていても、何も語ってくれません。しかし、「それがそこにそういう形で作られた」のはまぎれもない事実です。日本最大の大阪府大仙陵《だいせんりょう》古墳は、仁《にん》徳《とく》天皇の墓とされています。仁徳天皇の墓については、『日本書紀』に記事があります。「造営の作業を始めると、鹿が走り出てきて死んだのだが、その耳からモズが飛び出してきて、調べてみると耳の中が食い荒らされていた」という不思議なことを書いてあります。そして、仁徳天皇は即位八七年目に一一〇歳で亡くなり、この墓に葬られたと記されています。ほとんどのことが事実とは思えず、このような記述を並べても正確な歴史は復元できません。文字記録の限界です。

モノに語らせる技術

このように、文字記録はとても雄弁ですが、「うそ」や「ほら」を少なからず含んでいます。また、内容は、その記録を残した人にとって重要で、かつ都合のよいことに限られています。このような文字記録をそのままつなぎ合わせても、過去の真実は復元できません。ただし、文字記録のなかから可能な限り真実をつかみ出してくるというさまざまな経験と技術はあります。いわゆる、「史料批判」という、歴史学（文献史学）の中核をなす方法論です。大学で日本史や世界史（東洋史・西洋史・中国史など）を学ぶ人は、それを身につけることになります。

これに対して、考古学が対象とするモノは、存在自体がまぎれもない真実ですが、そのままでは何も語ってくれません。モノから過去の真実や歴史の動きを復元させるために、モノに語らせる必要があります。「何を、どのようにモノに語らせるのか」。それが、考古学の中核をなす方法論となります。これから学んでいきましょう。

はじめの一歩

モノに語らせるという考古学の営みの大前提は、その物の年代を知ることです。たとえば、図2の写真の焼き物のかけらは、いま住んでいる千葉県内のある場所で私が拾ったモノです。

図2　拾った焼き物のかけら

何だと思いますか。人によってはちょっとうすぎたなく感じる、何の変哲もないかけらですが、私たち考古学研究者はほぼ一瞬で年代を言い当てます。その秘伝のわざをご覧に入れましょう。

この焼き物の破片、表面は粗くてざらざらしています。上の長辺と、それを挟む奥と手前の二つの短辺は、割れ口です。上の長辺の割れ口は芯が黒っぽくなっていて、内部の方まではしっかりと焼けていないことがわかります。ひっくり返してみると、全体は弧をえがいて湾曲しているので、どうやら器の胴体のようです。下の長辺は割れ口でない（なま焼けの黒っぽい内部が見えない）ので、器の口か、底だと考えられます。

答えは、埴輪《はにわ》のかけらです。埴輪の中でも「円筒埴輪」とよばれる種類で、古墳（土を盛った墓）に何百本、何千本も立て並べていました。日本でいちばん大きな大仙陵古墳には、約二万本も立ち並んでいるといわれています。埴輪というと、動物・人物や家などの形をしたものを、みなさんは思い浮かべるでしょうが、そういうものは埴輪のごくごく一部にすぎません。古墳に立っている埴輪の約九五パーセントは、この、ただの土管のような円筒埴輪なのです。何しろ、量で勝負！　とばかりにずらっと立て並べるのを目的とした埴輪ですからね。しかし、この土管のような埴輪に、多くの情報を語らせることができます。

埴輪の年代

千葉県の某所で拾ったこの円筒埴輪の破片を、もう少しくわしく見てみましょう。まずは、さきほど説明したように、割れ口の内側が黒っぽいですね。これは、芯まで完全には熱が上がり切っていないということで、焼くときの温度があまり高くなかったことを示しています。こういう形の円筒埴輪は、関東では四世紀に現れますが、ぐんと増えるのは五世紀で、六世紀までみられます。六世紀のものは焼く温度が高いので、内側までしっかりと熱が通っていることが普通です。ですので、この資料は五世紀の可能性が高いということです。

もう一つ、六世紀の円筒埴輪は小型化して、直径は底の部分で三〇センチメートル未満のものが圧倒的に多くなります。しかし、この資料は、直径を復元すると五〇センチメートルほどになり、まだ小型化する前のものだと考えられます。この点からも、この資料は五世紀の可能性が高いと考えられます（図3）。

図３　５世紀（上）と６世紀（下）の円筒埴輪
（栃木県摩利支天塚古墳・飯塚古墳群出土、小山市所蔵）

このように、考古学では、ほんの小さな資料のかけらから、それが何であるか、そして、いつ頃のモノであるか（年代）を、語ることができます。「土器や埴輪のかけらの年代なんかわかって何になるんだ？」とお思いの方がいるかもしれません。しかし、例としてあげた焼き物のかけらが五世紀の円筒埴輪だということは、拾った場所が古墳であり、そんな古墳に葬られるような有力者が、五世紀のその付近にいたことを示しています。そのようなことは、どんな文字記録にも載っていません。この埴輪が発見され、その年代がわかって初めて、この地域の歴史の重要な出来事が明らかになったのです。

三時期区分法の始まり

さて、「考古学は、資料の年代を明らかにできる」と言いました。さきほどの埴輪のかけらは、五世紀のモノだと説明しました。ではなぜ、そんなことがわかるのでしょうか？　問題はここからです。

土器や石器や青銅器など、もの言わぬ考古資料の年代を知る方法が、どのようにして確立してきたのかを知るために、考古学の歴史をさかのぼってみた時、「ああ、それはこの人から始まったんだ！」と誰もが気づいてそう叫ぶ人物がいます。クリスチャン・ユルゲンセン・トムセン。デンマークの人です。一七八八年に生まれて一八六五年に亡くなっていますから、日本でいうと江戸時代後期の人ということになります。首都コペンハーゲンの国立博物館で、展示・研究の責任者をしていました。

博物館の考古資料が、まだ十把ひとからげに単なる古物みたいな認識しかなかったあるときのこと、トムセンは館の資料を整理中にある確信を強めたのです。「資料（道具）の材質は、それが作られ、使われていた時代を表すのではないか」、と。トムセンは、自分が勤める博物館の資料であった古代の利器（剣やナイフや斧など）を、石・青銅・鉄という材質ごとにまとめて展示しました。そしてそれが、そのまま時代の変遷を表しているという認識に達したのです。

石器時代→青銅器時代→鉄器時代というトムセンの三時期区分法は、人類史の基本的な時代区分となりました。その後まもなく、イギリスの考古学者ジョン・ラボックが、石器時代を「旧石器時代」と「新石器時代」の二つに分け、現代の考古学では、「旧石器」「新石器」「青銅器」「鉄器」という四時期区分法が使われていますが、もとはトムセンのアイデアです。

型式学の誕生――モノとモノの新古

こうして、トムセンはモノの年代を明らかにする最初の仕事をしましたが、つぎの重要な仕事をしたのはオスカル・モンテリウス。スウェーデンの人です。一八四三年に生まれて一九二一年に亡くなったので、日本でいえば幕末〜明治維新の志士たちの比較的若手のほうと同世代、伊藤博文《いとうひろぶみ》の二つ年下になります。

モンテリウスも、首都ストックホルムの国立博物館に勤める学者でした。モンテリウスがここで仕事を始めたころ、トムセンの三時期法はすでに知られていました。しかしモンテリウスはそれに飽き足らず、各時代の石器や青銅器や鉄器の中にも時期による形の変化があり、それを明らかにすることによって、さらに細かく、その年代の「古い・新しい」を言えるのではないかと考えたのです。

その作業の中身を見てみましょう。たとえばモンテリウスは、青銅器時代の道具四種（斧、剣、留め針、容器）の代表的な形（「型式」といいます）を、その変化に沿って並べました。たとえば斧は、古いものは石斧（図4上段左はし）の形に近く、新しくなると柄を取り付けるためのソケットや半円形のリングが発達します（図4の下段）。留め針は、今の安全ピンのようなものです。古いものは機能本位のシンプルな形をしていますが、だんだん装飾的になり、いちばん新しいものには大きな飾り板が付きます。

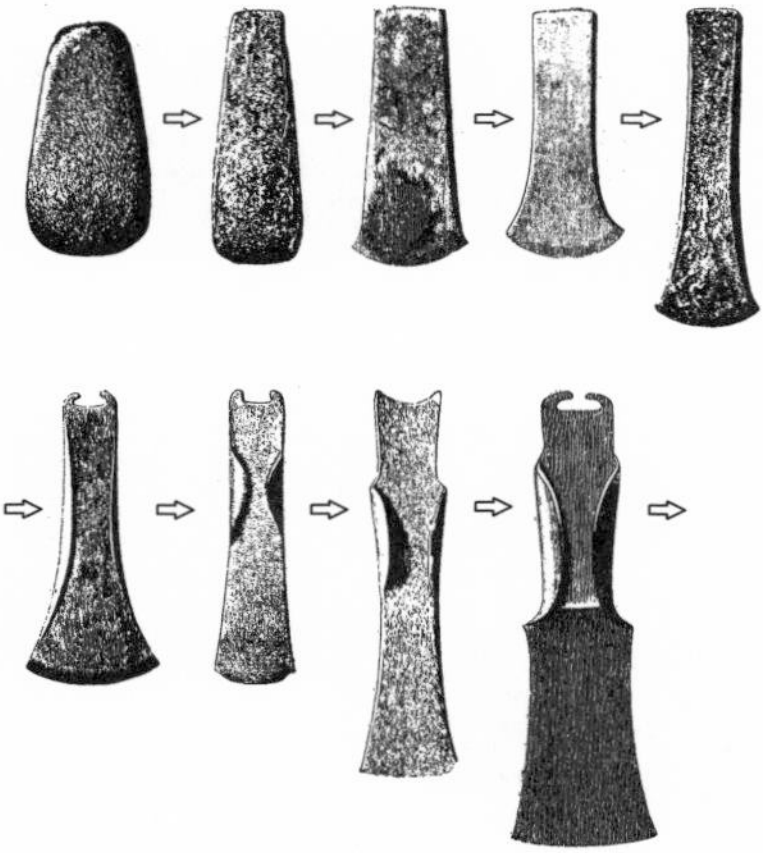

図4　モンテリウスによる斧の型式変化
（モンテリウス（濱田耕作訳）［1993］『考古学研究法』荻原星文館の図をもとに作成）

モンテリウスが確立したこの方法、つまりモノを新古の順に並べる作業を「編年」と言います。編年の作業も含め、モノの形が変化していくプロセスを明らかにする論理と方法を、「型式学」と呼びます。

新古を確定する方法

ところで、モノを新古の順に並べる作業を編年というのはおわかりいただけたかと思いますが、並んだ順のどっち側が古く、どっち側が新しいかは、どのようにして判断するのでしょうか？　具体例でいうと、モンテリウスは、どのようにして、図4の新古の矢印の方向を判断したのでしょうか？

それを明らかにする論理と方法が「層位学」です。地質学に「地層累重の法則」があります。地層は下から上に向かって形成されるという法則です。つまり、下の地層ほど古く、上の地層ほど新しいということです。考古学は、この法則を地質学から借用して、下の地層から出たモノほど古く、上の地層から出たモノほど新しい、と判断するのです。

一例として、縄文時代後半の中部地方のある遺跡の層の断面図に、それぞれの層から出土した土器（深鉢：煮炊き用のかめ）の実測図を貼り付けたものを見てみましょう（図5）。型式学の見地からは、この時期の深鉢には、小さくて胴がヤセ気味の型式から、大きくて胴が膨らんだ型式まで、ヴァリエーションがあります。層位学の見地から実際に発掘してみますと、小さくて胴がヤセ気味の型式は下の層から、大きくて胴が膨らんだ型式は上の層から、そして両者の中間的な型式は、中ほどの層から出土します。同じことが、この地域のどの遺

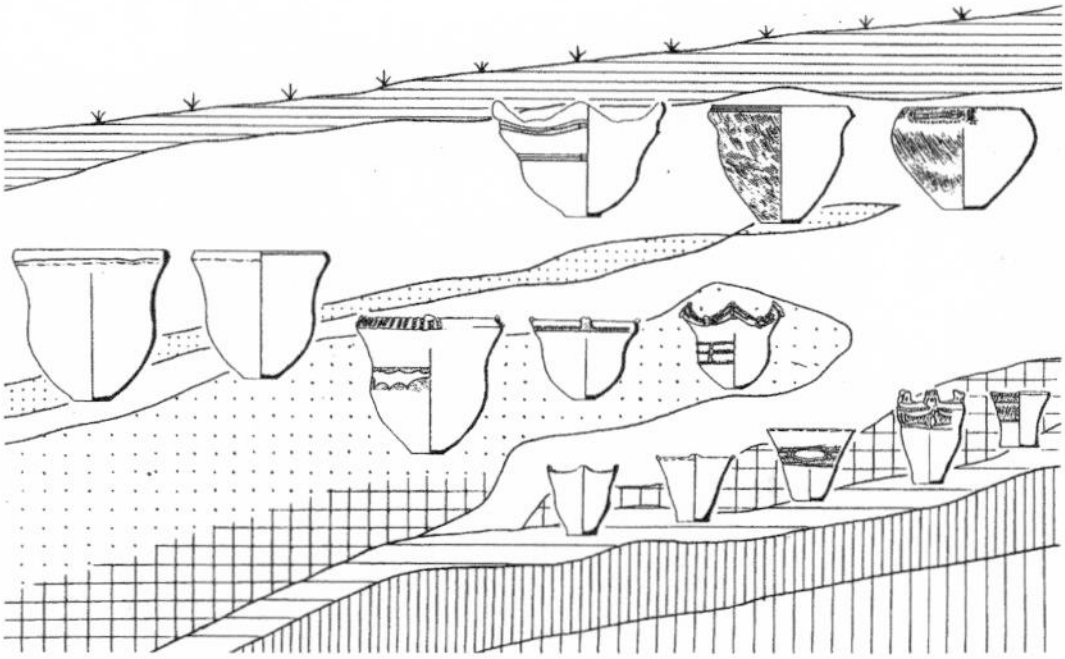

図5　層位と型式
（麻生優［1985］「層位論」近藤義郎ほか編『岩波講座　日本考古学1研究の方法』岩波書店より）

跡においてもくり返し確認されれば、小さくて胴がヤセ気味の型式が古く、大きくて胴が膨らんだ型式が新しい、と判断します。もちろんモンテリウスの編年も、発掘で層を確かめることによって、はじめて正しさを実証することができます。

考古学の両輪

以上に説明してきたように、考古学の大前提として、モノの年代を知るための基本となる方法は、型式学と層位学。これが考古学という車の両輪となります。型式学は、初期の考古学の発展のバトンをトムセンから受け継いだモンテリウスが基礎を確立し、層位学の方は地質学から借り受けました。

そして、ヨーロッパで作られたこの考古学の発展の道筋を、日本に引き込んできたのが濱田《はまだ》耕作《こうさく》（一八八一〜一九三八）です。濱田は、ヨーロッパに留学して考古学を学び、トムセンやモンテリウスが確立した成果を日本に持ち帰り、日本で初めてとなる考古学の講座を京都大学に開きました。そこで、モンテリウスの著書を翻訳して、成果を日本に広めました。また、モンテリウスなどにもとづきながら、日本の学問的風土や資料の特性に合った方法論の確立を説いた日本考古学のバイブル『通論考古学』を著しました。

これらの業績から、濱田は「日本近代考古学の父」とよばれています。その後、日本の考古学は、型式学と層位学を両輪として、濱田が切り拓いた道筋の上を発展してきました。

辺境発の考古学

ところで、考古学の方法を確立した人として紹介した二人の学者、トムセンとモンテリウスは、いずれも北欧の人でした（デンマークとスウェーデン）。彼らが活躍した一九世紀の後半、人文科学がもっとも発達していたのは、イギリスやフランスやドイツ（プロイセン）でした。なぜ考古学だけが、そのような学問の先進国ではなく、そこからみたら辺境に当たる北欧の国々で発展したのでしょうか？

古い歴史の記録や文物がふんだんに残るギリシアやローマから遠く離れ、その影響も薄かった北欧では、出土するモノも地味な土器や石器や金属器で、その年代を決める手がかりはほとんどありませんでした。物の年代を、文字記録に頼らないで明らかにしようとする努力が、トムセンの三時代区分法やモンテリウスの型式学に結実したのでしょう。

ギリシアやローマのきらびやかな文物を相手にする美術史的な考古学を「古典考古学」というのに対し、北欧発のこのような考古学を「先史考古学」といいます。文字の記録のほとんどない辺境の歴史を解明する手段として、辺境から産声を上げた考古学が先史考古学でした。その先史考古学が、濱田耕作によって日本に持ち込まれて隆盛をきわめたのは、日本もまた中国文明の辺境として、長きにわたる無文字・貧文字の時代の歴史を解明する必要があったからでしょう。

型式学と層位学による編年の、日本での本格的な初仕事は、戦争まっただ中の一九四三年に発表されました。濱田耕作がいた京都大学の小林行雄《こばやしゆきお》は、奈良県の唐古《からこ》遺跡（現在の呼び名は「唐古・鍵《かぎ》遺跡」）の発掘調査を行い、近畿地方の弥生土器の編年をつくったのです（図6）。この編年は、細部はさまざまに補足されていますが、大枠では現在でも使い続けられています。いかに完成度の高かったものかがわかります。

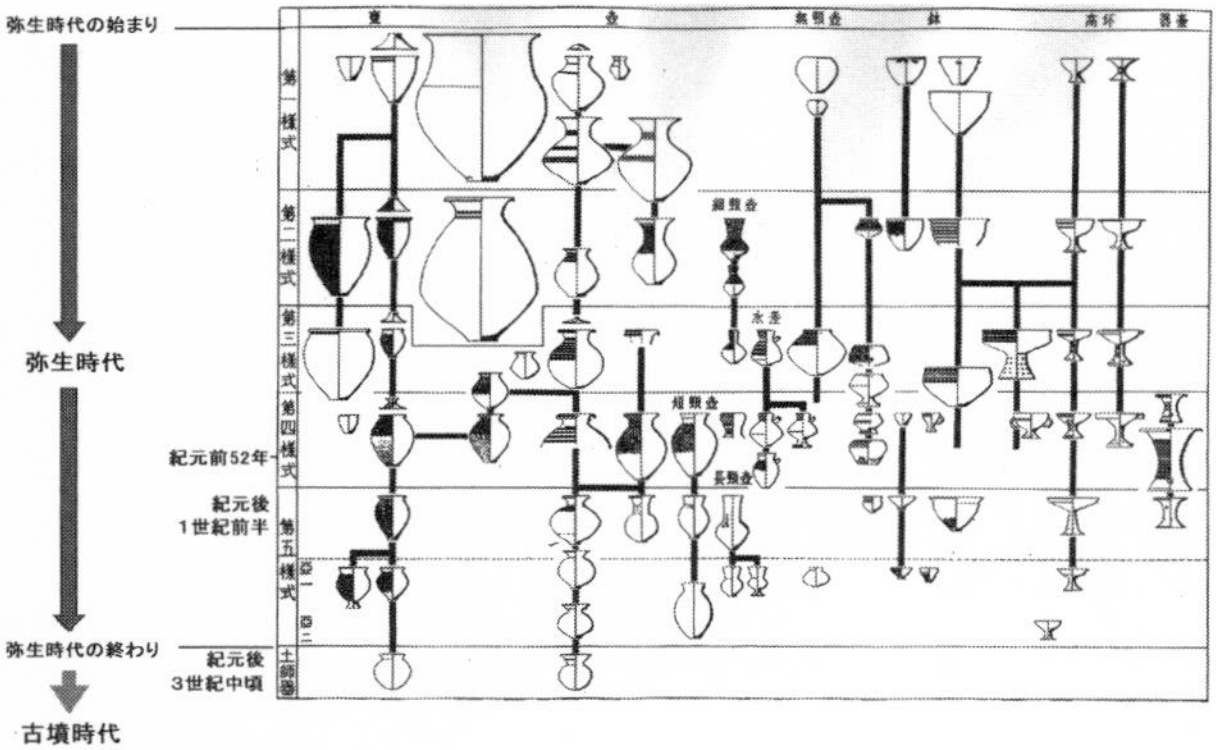

図6　小林行雄による弥生土器の編年

（末永雅雄・小林行雄・藤岡謙二郎［1943］『大和唐古彌生式遺跡の研究』京都帝国大学文学部考古学研究報告第16冊、桑名文星堂より）

年代を数値で知る

小林の編年では、弥生時代の始まりから終わりまでの土器を五つの様式（型式のまとまり）に分け、「古い→新しい」の順番に並べました。図6の「第一様式」がもっとも古く、下のほうの「第五様式」がもっとも新しくて、さらにその下の「土師器《はじき》」は、次の古墳時代の初めの土器になります。

ただし、ここまでの小林の作業だけでは、各型式の数値の年代（何年前か、西暦何年ごろか）はまだわかりません。図6では、枠の左の外側にすでに数値の年代を書いてありますが、どのようにしてそれを求めるのかを、これから説明していきましょう。

数値の年代を求める作業は、型式学と層位学でつくる編年とは独立した別の作業です。これが「年代決定」です。年代決定がなされる前の編年を「相対編年」というのに対して、それがなされた編年を「絶対編年」といいます。

年代が記されたモノ

絶対編年を作り上げていくうえで、もっとも有効なのは、数値としての年代がわかる文字が記されたモノです。このようなモノを紀年資料といい、その文字を紀年銘《きねんめい》といいます(「年代を記してある」という意味では「記年」と表記した方がわかりやすいのですが、慣例的に「紀年」と書きます)。

紀年銘がもっとも多いモノは、金属器です。とくに、弥生時代の後半から古墳時代にかけて日本列島の人びとが愛好した鏡には、ときおりそれを作った年号が鋳出されています。中国からの舶来品が多いので、ほとんどは中国の年号ですが、それらは西暦に直すことができます。

小林行雄が示した弥生土器の五つの様式の次に、古墳時代初頭の「土師器」があります。この土師器を出す古墳には、三角縁神獣鏡《さんかくぶちしんじゅうきょう》という中国起源の鏡がしばしば副葬されています。

その中に、紀年銘をもつものが含まれています。もっとも有名な例は、島根県雲南市の神原《かんばら》神社古墳《じんじゃこふん》に副葬されていた鏡で、「景初《けいしょ》三年」に作ったという文句が鋳出されています。「景初」は、紀元後三世紀の中国の王朝・魏（二二〇〜二六五年）の元号で、「景初三年」は二三九年に当たります。この鏡は、二三九年に中国で作られて日本列島にもたらされ、神原神社古墳に副葬されました。紀年銘はないけれどもこれとよく似た特徴をもった（つまり、同じ型式の）三角縁神獣鏡も、同じ時期に作られて日本にもたらされ、各地の古墳に副葬されたと考えられます。したがって、それらが副葬された時期は、二三九年やその前後からあまり年月の経たない、紀元後三世紀の中頃から後半までと考えられます。そして、それらの古墳から、図6の一番下に示した「土師器」が出てきます。ということは、それらの年代もまた三世紀中頃から後半にかけてと考えられます。こうして、図6の「土師器」の始まりの年代として、「紀元後三世紀中頃」という数値を書き込めました。

作られた年代がわかるモノ

紀年銘はありませんが、作られた年代が文字記録によってはっきりわかるモノも、絶対編年をつくる上では有効です。代表例として、弥生時代の遺跡から出土する中国の貨幣があります。その一種の「貨泉《かせん》」は、漢の王朝を一時乗っ取って皇帝となり、新という王朝を立てた王莽《おうもう》が鋳造させた貨幣です（図7）。貨泉の鋳造は、紀元後一四年に始まり、王莽が殺されて新が滅んだ後の紀元後四〇年まで続いたことがわかっています。つまり貨泉は、紀元後一世紀前半の年代を示すモノだということです。

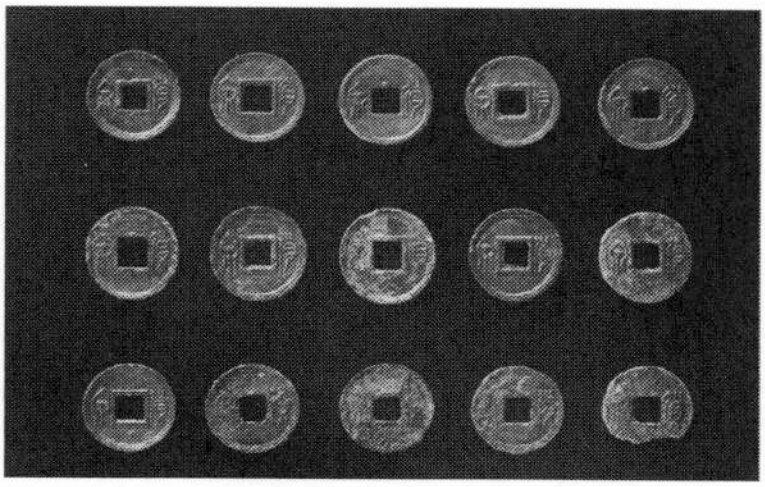

図7　貨泉（岡山県高塚遺跡出土、岡山県古代吉備文化財センター提供）

貨泉は、「第五様式」の前半の土器といっしょに出てきます。このことが、各地のさまざまな遺跡で何度も確認されています。したがって、「第五様式」の前半の土器は、中国から貨泉がもたらされて流通していた当時、すなわち紀元後一世紀前半に使われていたことがわかります。こうして、「第五様式」の前半の年代として、「紀元後一世紀前半」という数値を加えることができました。

ちなみに、貨泉は、溶かして銅鐸や銅矛などを作るための原料として輸入されたという考えが有力でしたが、近年は、実際に貨幣として流通していたという説も出されています。

年輪で年代を決める

しかし、考古学の方法で年代が決まるのは、ここまでです。これ以上古い時代の近畿地方には、紀年銘のある中国由来のモノは入ってきていません。こうなると、考古学とは別の年代決定法に頼るしかありません。

遺跡からよく出土するモノとして、土器や石器や金属器のほかに、木製品や木材片があります。この木製品や木材片には、かならず年輪があります。樹木は、一年ごとに年輪を形成します。毎年同じ幅のものが形成されるのではなく、年によって広くなったり狭くなったりします。これは、おもに気候の変化を反映しているので、同じ気候の変化をくぐった場所の、同じ樹種に属する樹木の年輪は、同じパターンで広くなったり狭くなったりします。

この、年輪が一年ごとに広くなったり狭くなったりするパターンをグラフ化したものを「標準年輪曲線」といいます。たくさんの樹木の年輪を調べ、もっとも平均的な「広い―狭い」のパターンを確定して作ります。まずは、現生の樹木の標準年輪曲線を作り、次に中〜近世や古代の建築材、弥生時代や縄文時代の遺跡から出土した樹木の年輪を調べて標準年輪曲線を作り、それぞれの重複部分を「のりしろ」にしてリレー式につないでいくと、現代から縄文時代までさかのぼる標準年輪曲線が完成します。この仕事は奈良文化財研究所の光谷《みつたに》拓実《たくみ》さんが、一九八〇年代以降、長い年月をかけて完成させました。

建築年代がわかった建物

標準年輪曲線が完成すると、いよいよ年代測定の作業が可能となります。遺跡から出土した木材の年輪を調べて、その年輪曲線を作ります。それを標準年輪曲線と比べて、うまく重なるところを探していきます。重なるところが見つかれば、その木材の年輪が「西暦何年から何年にかけて形成されたものか」ということがわかります。この年輪のいちばん端に「樹皮」が残っていれば、その木材となった樹木が「西暦何年に伐採されたものか」ということがわかるのです。この方法を「年輪年代法」といいます（図8）。

一九九五年、大阪府の和泉市と泉大津市にまたがる池上曽根《いけがみそね》遺跡で、大きな発見がありました。この遺跡は弥生時代のこの地域の拠点となるような大きな村ですが、村の中央部に広場があり、それに臨んで長さ一七メートル・幅七メートルの大型建物が建っていたことがわかりました。村の儀式や会議のための重要な場所だったようです。この大型建物の柱の一本には樹皮が残っていて、年輪年代法で調べた結果、この柱となったヒノキの大木は、紀元前五二年に伐採されたことが判明しました。この大型建物は、紀元前五二年かその直後に建て

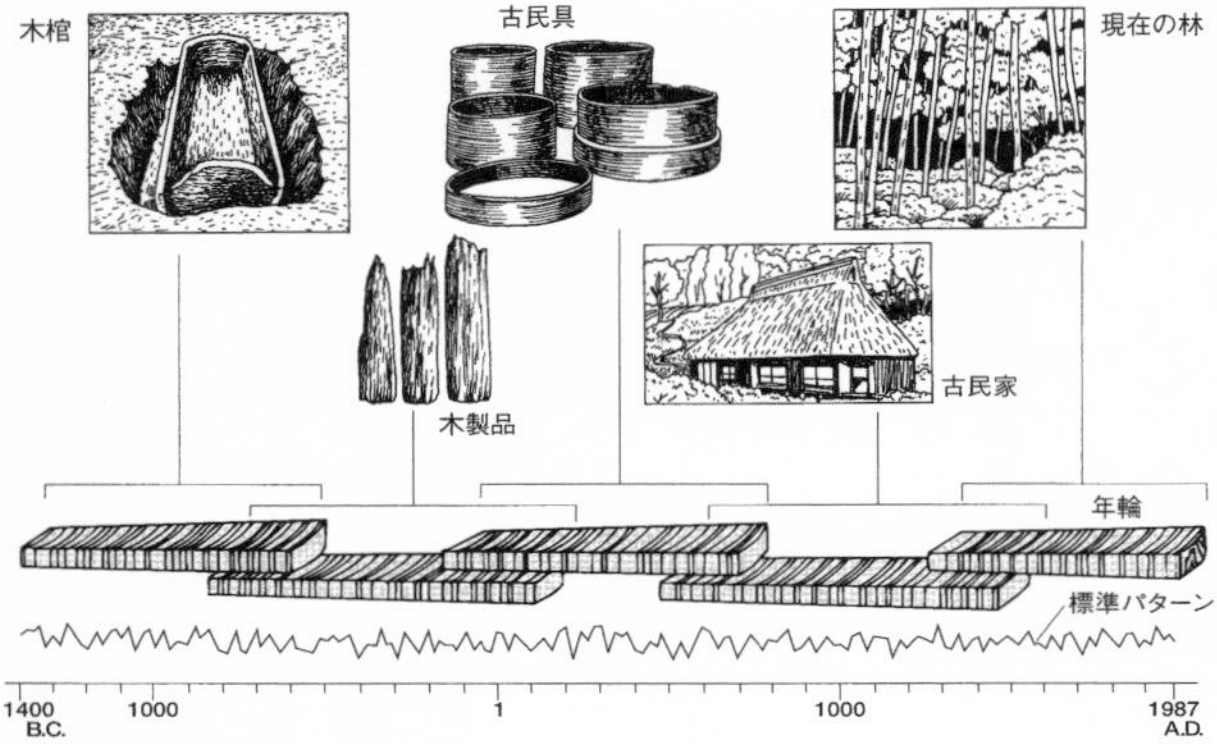

図８　年輪年代法の原理
（山岸良二［2013］『日曜日の考古学』東京堂出版より）

られた可能性が高いのです。

そして、この建物といっしょに発見された土器は、小林行雄による近畿地方の弥生土器の相対編年では、「第四様式」に当たるものです。

こうして、「第四様式」の時代幅の中の一点に、紀元前五二年が含まれるということがわかりました。

化学でモノの年代を決める

それでもまだ、弥生時代の始まりのほうまでは手が届きません。ここで登場するのが、化学による年代決定です。もっとも代表的な「放射性炭素法」については、どこかで耳にしたと思われる方も多いでしょう。

原理はこうです。まず原子のことから。原子は、物質を構成する単位で、「電子」「陽子」「中性子」から成り立っています。同一の原子（元素）なら「電子」と「陽子」の数は同じですが、「中性子」の数が違う場合があります。「中性子」の数が異なる原子を「同位体」といいます。炭素には^{12}C、^{13}C、^{14}Cという三種類の同位体があります。三種類それぞれの数の割合は、ぜんぜん違います。ほとんどを占めるのは^{12}Cです。^{13}Cは約一〇〇個に一個の割合であります。そして^{14}Cは約一兆個に一個しかありません。しかし炭素原子の数そのものが天文学的なので、希少な^{14}Cといえどもそこら中に存在しています。

^{14}Cは不安定で、ベータ線という放射線を出しながら壊れ、^{14}Nという安定した窒素原子に替わっていきます。ただし、全体的にみると、^{14}Cが壊れて減っていく速度は遅く、^{14}Cの数が当初の半分になるのに五七三〇年かかることが判明しています。しかし、減るのとほぼ同じ数の^{14}Cが、空のずっと高いところにある大気上層で、宇宙線の影響を受けて新たに生み出され、補充されるので、地球全体では減ることはありません。^{14}Cは、酸素と結合して二酸化炭素となり、その大気を呼吸することを通じて、動植物の体内に取り込まれます。そのため、動植物が生きている間、体内の^{14}Cが減ることはなく、大気中と同じ濃度の^{14}Cが存在します。

しかし、動植物が死ぬと、体内の$^{14}\mathrm{C}$は五七三〇年で半減というペースで減っていきますが、もう呼吸しませんから、外の大気と体内とはシャットアウトされ、体内に補充されません。したがって、動植物の遺体（骨・灰・炭化物なども含む）に一定量含まれる$^{14}\mathrm{C}$の数を測定することによって、その動植物が死んだり枯れたりしてから何年たっているかがわかるわけです。

絶対年代の充実

$^{14}\mathrm{C}$による年代測定を、土器に対しておこなうことがよくあります。もちろん土器は無生物ですので、それ自体に炭素はほとんどありません。測定の対象は、土器に付着したススやコゲつきや吹きこぼれ（付着炭化物）です。付着炭化物は、その土器で煮炊きした物や、その時のマキとして使われた植物の遺体の一部です。付着炭化物の年代は、土器の年代とほぼ同時とみて問題ないので、それを土器の年代とみなすわけです。弥生時代の古い段階の年代のほとんどは、土器の付着炭化物の$^{14}\mathrm{C}$測定によって求められています。

その結果、小林の相対編年の「第二様式」が紀元前四世紀に、近畿地方での弥生時代の始まりを告げる「第一様式」が紀元前八世紀にさかのぼることがわかりました。

^{14}Cによる年代測定と、さきに説明した年輪年代法は、新しい成果がいまも次々と出されています。そのひとつひとつに触れるいとまはありませんが、この相対編年のほかの部分にも、いくつもの年代の数値が書き加えられています。

弥生時代だけではなく、それに先立つ縄文時代でも、後続する古墳時代でも、絶対編年の充実は日進月歩。ずっと前に例として出した埴輪の破片が五世紀だという認定も、そうした成果によるものです。

理系が変えた日本考古学

ここまで、モノに語らせるという考古学の大前提のうちの第一歩、モノの年代を知る方法をお話ししました。それはつまり、モノの時間的な位置を決定することです。そこでこれから、モノに語らせる第二歩、すなわち空間的なあり方を見定める方法について説明したいと思います。そのための理論と方法は「分布論」とよばれています。

モノの分布を調べて歴史的背景を説いた日本最初の本格的な仕事は、さきほどの近畿地方の弥生土器の相対編年を作った小林行雄による、古墳時代の鏡の研究です。戦中から戦後にかけての日本考古学確立期に画期的な仕事を連発した小林は、掛け値なしに偉大な考古学者ですが、もともとは神戸高等工業学校（いまの神戸大学工学部）を出た理工系の人でした。戦前以来の、良くも悪くも人文学的な主観性やあいまいさに彩られていた考古学が、理系由来の思考の持ち主によって近代化されたのは興味深いことです。

そんな小林が鏡について注目したのは、製作と流通の体系です。鏡は鋳物《いもの》です。鋳物は、型《かた》の中に溶けた金属を流し込んで作ります。鏡の場合は、おもに青銅（銅と錫の合金）です。古墳の発掘で多数の三角縁神獣鏡を発見した小林は、それらの中に、同じ鋳型を何度も再利用して作った、いわば「きょうだいの鏡」（同笵鏡《どうはんきょう》）が何組も含まれているという事実に着目しました（図9）。全国から数百枚も発見されている三角縁神獣鏡に、何組もの「きょうだいの鏡」が含まれていること自体は、小林よりも前に指摘されていました。小林の独創は、「きょうだいの鏡」が、空間的にどのように分布をしているかを明らかにしたことです。

三角縁神獣鏡の製作と配布

小林が作った三角縁神獣鏡の分布図（図9）は、まさに設計図のようで、それまでの考古学にはなかった客観的表現の極致です。いっけん複雑ですが、見方は意外に簡単。図の中の表示は二種類で、丸で囲んだ数字と、四角で囲んだ古墳名です。丸で囲んだ数字は、小林が

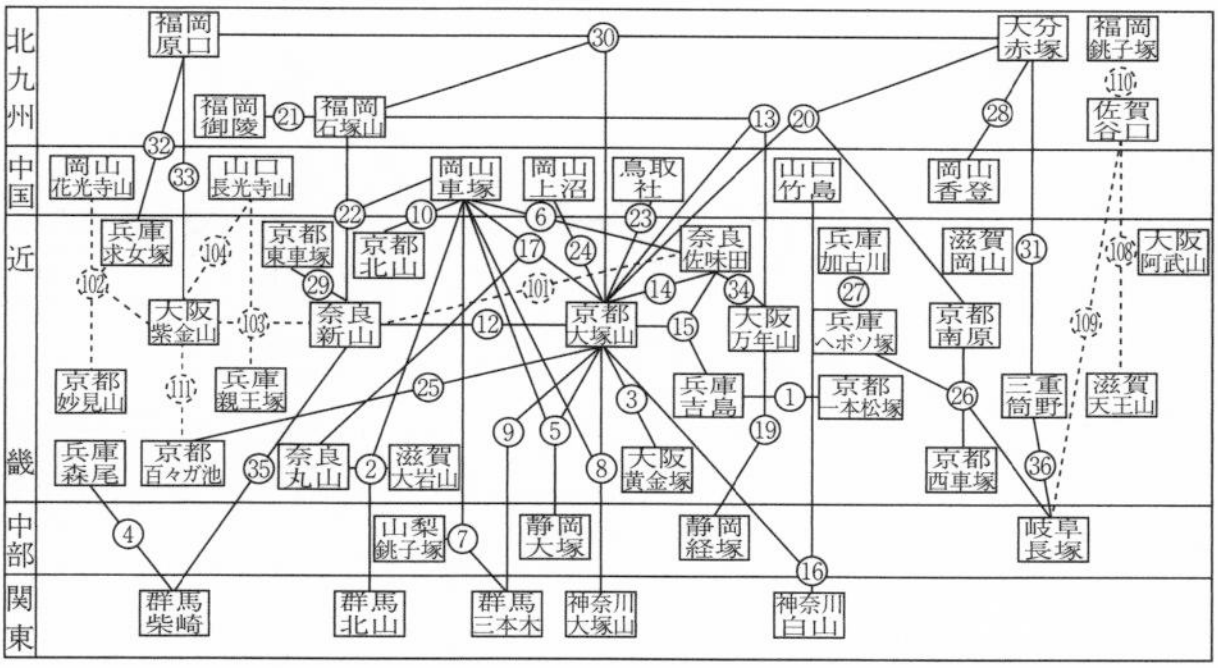

図９　三角縁神獣鏡の同笵関係
（小林行雄［1961］『古墳時代の研究』青木書店より）

作った三角縁神獣鏡の目録番号です。たとえば、中ほどいちばん上の㉚は、「小林目録の同笵鏡番号30」とよばれる鏡で、㉚から線が四本出ているのは、この鏡には四枚の「きょうだいの鏡」があるという意味です。そして、この四枚の「きょうだいの鏡」は、四本の線がそれぞれ伸びた先にある四角で囲んだ古墳から一枚ずつ出土していることを示しています。

この図を見ると、「きょうだいの鏡」が、遠く離れた別々の古墳に分かれて副葬されているという現象が、まず、九州から関東までの広い範囲に広がっていることがわかります。「きょうだいの鏡」は、同じ鋳型で作った鏡ですから、もともとは同じ人々によって作られ、同じ場所にプールされていたはずです。それが、最終的にいろんな地方にある別々の古墳に埋められたということは、最初にプールされていた場所からそれぞれの地方の古墳に葬られる有力者に「配布」された可能性を示しています。

では、最初に鏡が作られてプールされていた場所はどこか？　その手掛かりとなるのが、「きょうだいの鏡」を表す線が集中する、京都府木津川市の椿井大塚山《つばいおおつかやま》古墳です。京都ですが、大和に近いところにある長さ一七五メートルの前方後円墳で、三二枚という大量の三角縁神獣鏡が副葬されていました。そして、その多くが、日本各地の古墳に副葬された鏡と「きょうだい」の関係にあります。おそらく、椿井大塚山古墳に葬られた有力者は、何組もの「きょうだいの鏡」を作り、それぞれの一枚を手元に残し、他を各地の有力者に配布するような立場にあったと推測することができるでしょう。

鏡は、各地の有力者にとっては権威のシンボルでした。その権威のシンボルである鏡の製作と配布にたずさわった絶大な有力者が、大和付近にいたということです。

小林の死後、椿井大塚山古墳と同じように、鏡の製作と配布にたずさわった絶大な有力者の墓とみられる黒塚《くろつか》古墳が、やはり大和（天理市）で発見されました。これら、大和付近にいるもっと絶大な有力者たちから、各地の有力者は、その権威のシンボルである鏡を授かっていたという推測ができるわけです。

モノが語る「大和王権」の構造

ただし、椿井大塚山古墳や黒塚古墳に葬られた人物は、鏡の製作と配布にたずさわった絶大な有力者ですが、王ではなかったようです。なぜなら、彼らの古墳よりもはるかに大きな箸墓《はしはか》古墳（長さ二八六メートル）が、同じ時期の大和にあるからです。箸墓古墳に葬られた人物こそが王で、彼または彼女が、椿井大塚山や黒塚に葬られた有力者に、鏡の製作と配布という王の事業をゆだねていたと考えられています。王は、権威のシンボルである鏡を作り、各地の有力者に与えることによって、彼ら彼女らをたばね、その中心に立っていったと推測されています。

以上のようにして、小林は、それまでは古墳の存在から漠然と想定されていただけの「大和王権」の実態とその活動の内容を、三角縁神獣鏡の「きょうだいの鏡」の空間的な分布の検討から、初めて具体的に明らかにしました。

なお、先に説明した三角縁神獣鏡の年代（「景初三年」＝二三九年の紀年銘）から、今日では、鏡の配布によって地方の有力者を統括していった大和王権の成立時期を、三世紀中頃とみることができるようになっています。このように、モノを時間の軸にそって並べる作業

（編年）と、そのモノの空間的な拡がりを見きわめる作業（分布論）とを合わせることによって、「いつ、何が起きたか」という歴史事象を、考古学から明らかにしていくことができるのです。なお、ここで例として触れた「大和王権」については、古墳時代を語る第五章でくわしくとりあげます。

人びとと暮らしの分布論

さて、いまその分布論を見てきた鏡などは、有力者どうしの政治的なつながりを示す、いわば特別なモノでした。では、土器や石器など、人々の日常の生活で使われる、ごく普通のありふれたモノの空間的な分布は、どのようであり、そこから、当時の社会の何をどのように復元することができるのでしょうか。

例として、弥生時代の中頃、今から二〇〇〇～二一〇〇年前の日本列島とその周辺に、土器や石器の日常の道具がどんなふうに分布していたかをみてみましょう（図10）。地図の上を線で円く囲んだ範囲は、同じ型式のモノの集まり、すなわち同じ形と文様の土器、同じ種類と技術の石器や金属器、同じ形の住居、同じ形の墓が分布する範囲です。たとえば左下のほうの「須玖《すぐ》Ⅱ式」の範囲では、無文の土器、各種の磨製石斧、鉄斧、鉄の矢じりなどが、

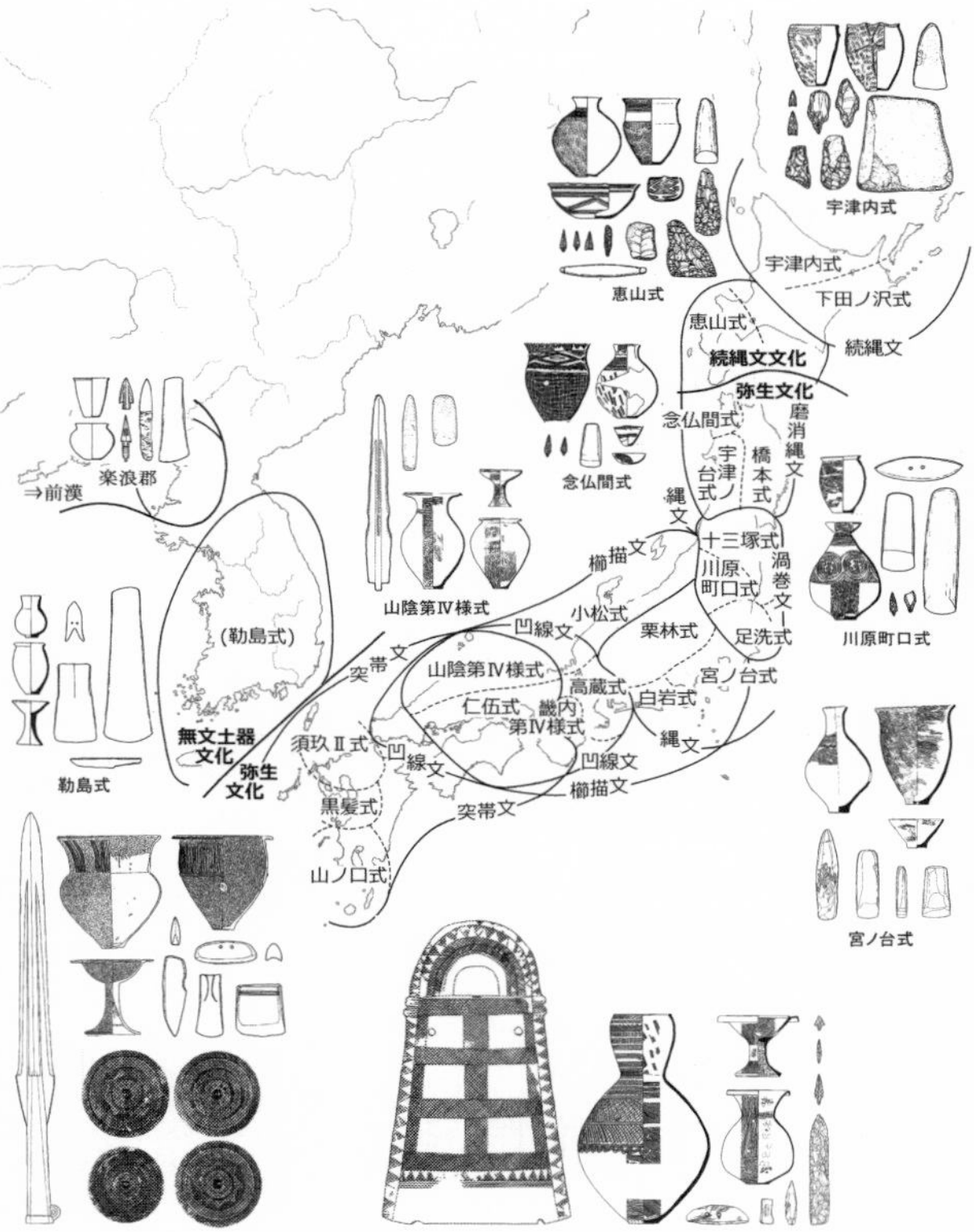

図10　弥生時代中頃の土器・石器・金属器の分布
（日本第四紀学会・小野昭・春成秀爾・小田静夫編［1992］『図解　日本の人類遺跡』東京大学出版会の図をもとに作成）

どの遺跡からも共通して出土します。また、真ん中少し右上の「念仏間式《ねんぶつま》」の範囲は、縄目の文様をもつ土器、あまり何種類にも分かれない磨製石斧、打製の石の矢じりなどが、どの遺跡からも共通して見つかります。このような、一定の空間範囲に分布する、同じ型式のモノの組み合わせを「考古学的文化」とよびます。

民族の考古学

「考古学的文化」の正体は、いったい何でしょうか。同じ空間の範囲に住み、同じ「考古学的文化」を作り出した一群の人々とは、いかなる結びつきをもった人々だったのでしょうか？

それは「民族」だ、と断定した学者がいます。ドイツの考古学者グスタフ・コッシナです。コッシナの経歴には興味深いところがいろいろとありますので、その学説とともに、くわしく追ってみることにしましょう。なお、コッシナの学説と生涯については、H.J.エガース著の『考古学研究入門』(田中琢・佐原真訳、一九八一)という本で日本に紹介され、当時の考古学の学び手に強い印象を与えました。以下の記述は、この本と、私が調べたこととを組み合わせて書いています。

コッシナは、一八五八年に、プロイセン（まだ一つの国に統一される前のドイツにあった有力な王国）のティルジットに生まれました。お父さんは中等学校の教師でした。家が裕福でなかったコッシナは、苦学しながら研究者への道を志しました。

コッシナは、若いころからゲルマン人の起源について関心をもっていました。当時、過去の民族を復元する最良の手段は文献学や言語学とされていました。古い文献や言語分布から、民族の消長や移動を推測するのです。最初、コッシナは、そうした方法の第一人者であったカール・ミュレンホフに師事しました。コッシナは師の方法に考古学を加味することで、ゲルマン人の起源を解明しようという大望をいだきました。

コッシナは、図書館の司書として働きながら、時間を見つけては、ドイツやその周辺の遺跡や古物についての書物を読み漁りました。それを、ミュレンホフに学んだ文献学や言語学と巧みに合一し、きわめて独創的な「住地考古学」という手法を編み出しました。そのもっとも中心的なテーゼは、「厳密に地域を限ることのできる考古学上の文化領域は、いつの時代でも、特定の民族または部族と一致する」というものでした。つまり、同じ考古学的文化を共有する空間領域は、特定の民族（または部族）の居住域というわけです。

コッシナがほとんど独学で上のような新たな先史考古学の理論を推進し始めた頃のドイツ

では、当時のヨーロッパの先進国であったイギリスやフランスと同様、考古学といえば、ギリシアやローマなどの文明世界の遺跡や遺物を対象とした伝統的な古典考古学が正統だとする考えが残っていました。だから、正統派を自認する同時代のドイツの考古学者たちは、コッシナを異端視し、冷たい批判を浴びせました。コッシナがもと図書館司書で、発掘調査の経験がほとんどないことも、コッシナがうさんくさがられる要因でした。

しかし、コッシナは鉄のハートを持った人でした。「ゲルマン人の起源を解明するのだ」という強い主張をいくども繰り返し、それが政治的な民族主義者の心をとらえ、むしろ学界の外側に支持者を増やしていきました。そして一九〇二年には、彼のために作られた「ベルリン大学特別教授（客員教授とする説もあります）」のポストに坐ることができ、以後はそこを本拠にして、「ベルリン学派」とよばれた戦前のドイツ考古学の一大学閥を作っていきます。

考古学とナショナリズム

コッシナが考古学界で独特な存在感を高め始めたころ、ドイツの国家は苦境に陥っていきました。一九一四年に始まった第一次世界大戦でドイツは敗北を喫し、その講和として一九一九年に結ばれたヴェルサイユ条約によって、巨額の賠償金を課せられた上に、東方のエルサス・ロートリンゲン地方はフランスへ、西方の西プロイセン地方はポーランドに割譲させられるなど、多くの領土も失うことになってしまいました。

こうした国家の苦境と、コッシナの住地考古学とが共鳴することになります。もともとゲルマンのアイデンティティを強く持っていた（だからこそゲルマン民族の起源の解明に生涯をかけた）コッシナは、「ドイツ東部国境地方、ゲルマン人の故郷の地」という論文を発表します。歴史上に表れたゲルマン人の「考古学的文化」とその領域を、住地考古学の方法で青銅器時代にまでさかのぼっていき、敗戦で失った西プロイセン地方がもともとはゲルマン民族の居住地であったと主張したのです。

コッシナのこの学説は、いやおうなく、苦境にあえぐドイツに台頭してきたナショナリズムと結びついていきます。「そこはもともとゲルマン民族の居住地であった」という主張は、屈辱的な講和条約で奪われた領土を取り戻すための大義名分として利用されていきました。ナショナリズムが台頭してくる一九二〇年代のドイツで、コッシナの学説は「優れたる国学」（これはコッシナがそう自称したのですが）として持ち上げられ、一介の苦学生だったコッシナは、ついに「ドイツ考古学の第一人者」としての地位と名声を勝ち取ったのでした。

コッシナ学説のその後

コッシナは、栄光の中で一九三一年に亡くなります。コッシナの後にベルリン大学の考古学教授となったのは、弟子のハンス・ライネルト（一九〇〇～一九九〇）でした。ライネルトは、むしろ意図的に政治権力に接近した人で、一九三一年には当時第二党として台頭の途中にあったナチスの党員になっています。ナチスが一九三三年に政権を握ると、ライネルトはヒトラーに忠誠を誓う学者団体に名を連ね、コッシナ譲りの「住地考古学」を積極的に国策に役立てようとしました。

ライネルトは、ナチスの機関誌に「ドイツの先史考古学」という論文（論文というよりも、プロパガンダですね）を寄せ、その目的を次のように宣言しています。

第一は、ゲルマン民族が過去数千年間にわたってヨーロッパの文化を創造した中心で、その文化が他の文化に対して優越していたことを明確にすること。第二は、東西隣国の領土にかつてゲルマン人が住んでいたことを明らかにするための「先史考古学を武器とする戦い」を挑むこと（訳は、田中琢さんによります）。

第一は民族の差別や迫害のための、第二は周辺諸国への侵攻のための学問的お墨付きとなり、コッシナの考古学はナチスの蛮行に手を貸すことになってしまいました。

ナチスの敗北により、コッシナ派の学者たちは地位を失いました。ライネルトは、戦後は地方の博物館で研究を続けたようですが、かつて自分が君臨した学界の表舞台に戻ることはありませんでした。正確に言いますと、ライネルトはナチス末期の内紛に巻き込まれて、敗戦直前の一九四五年二月にナチスを追放されています。このことと、敗戦後も学者としての命脈を保つことができたこととは、関係があるのかもしれません。

コッシナの住地考古学、すなわち、同じ「考古学的文化」(同じ形と文様の土器、同じ種類と技術の石器や金属器、同じ形の住居、同じ形の墓など)を作り出した一群の人々とは「民族」である、という考え方は、戦後は地に落ち、ナチスの御用学説として忌み嫌われました。

コッシナをどう評価するか?

しかし、同じ「考古学的文化」を共有する領域というのが存在したこと自体は事実です。コッシナの誤りは、深い考察を経ることなく、それを、「人種」という概念に近い意味での「民族」に直結したことです。また、「民族」という集団が何千年も変わりなく現代につながっている、という考え方もまちがいでした。さらに、「民族」の文化に相互の優劣を考えたことなどは、当時の社会的背景を考えても、学問としては失格でしょう。

今日「考古学的文化」は、さまざまな要因（異なった環境への適応、外来の情報が流入する条件の差、個別な生業への対応などなど）によって形成されたもので、それを一つの人間集団の痕跡とみなすことはできないと考えられるようになっています。とはいえ、「考古学的文化」が当時の人々の行為の痕跡である以上、そこに意味を見出し、歴史を復元する材料にしていくことは、考古学として当然の取り組みであり、もっとも基本的な空間分析の一つという認識は、変わらず共有されています。

コッシナは、その取り組みに着手した最初の人でした。彼は誤り、その結果は悲劇につながりました。しかし、何の変哲もない日常の石器や土器の分布から歴史を復元しようとした彼の意志そのものは、忘れ去るべきではなく、装いを改めて受け継がれています。


この章では、まず、考古学の目的が人間の解明であることを明言しました。研究のための資料は、人間ソノモノと、人間がのこしたモノです。ヒトが現れたおよそ七〇〇万年前から、たかだか約半世紀前までのあらゆる時間が、考古学の対象となります。

雄弁な文字資料とは反対に物言わぬモノに何かを語らせることが、すなわち考古学の方法ですが、そのための大前提として、モノに時間的枠組と空間的枠組を与えなければなりません。具体的には、型式学と層位学から相対編年を作り、年代決定をへてそれを絶対編年に仕上げます。また、分布論によって空間的な意味づけをおこないます。

本章で説明した以上の方法は、古典ともいうべき伝統的な知識です。二一世紀に入ってから、もっと違った内容を、もっと違った声でモノに語らせるさまざまな新しい考古学の理論や方法が発展しました。しかし、今までと同じ調子でそれぞれの説明を並べていくのも退屈でしょう。

そこで、これから旧石器時代から国家ができるまでの人類と日本列島の歩みをたどりますが、新しい考古学の方法を一つずつ、各時代の説明の中で実践していきましょう。人類の進化と旧石器時代については新しい進化科学に基づく考古学の、縄文時代については「認知考古学」（くわしくは該当箇所で説明します）の方法を、それぞれ活用して歴史の歩みを復元します。次の弥生時代は、この時代に始まった「戦争」という事象に焦点を当て、世界の考古学における戦争研究の国際的な成果を踏まえて、その人類史的な位置づけを考えます。さらに、古墳時代については、ピラミッドや中国皇帝陵などの世界の巨大建造物と古墳とを比べる「比較考古学」によって、それを築いた社会の特性や変化を明らかにします。また、巨大古墳や武器など、もののしい男性的なイメージで復元されることの多かったこの時代に、実際には女性が活躍していたことを示した「ジェンダー考古学」の成果にも触れましょう。

過去に対する関心が高く、たくさんの遺跡がのこされ、発掘調査の体制や技術も高度に発展した日本列島は、考古資料という食材の宝庫です。この食材を、これまでのような単一ではなく多彩な調理法で彩り豊かに仕上げ、これまでとは一味ちがった原始・古代史というコース料理を召し上がっていただきたい、というのが次章以下のねらいです。

第二章　人類はなぜ拡がっていったのか――ヒトの進化と旧石器時代

ヒトの出現

ヒトにつながる遠い祖先は、約五億年前の海に生きていた背骨をもった魚（「ピカイア」など：最初の脊椎動物）です。これがさまざまな方向に進化し、一部は陸上に進出し、さらに多様に枝分かれしていきました。その中から、胎生で子を産み乳で育てることを基本的特徴とする哺乳類が二億五〇〇〇万年前には現れ、約六五〇〇万年前から始まる新生代にはいっきに種を増やして繁栄しました。その一つが私たち、ヒトになりました（図11）。

七〇〇万年前ころまで、ヒトの直接の祖先は、チンパンジーの祖先と同じ動物でした。今のチンパンジーと同じように、森にすんで木の実や果実をとり、ときどき小動物を狩って食べる生活をしていました。そのなごりが、私や皆さんの身体にも残っていることは、さきに両腕を伸ばしてぐるぐると回してみていただいたとおりです。祖先が森にすみ、木の枝にぶらさがって渡っていくようなやり方で移動していたことの証拠です。ヒトが初めからずっと地上で進化してきたのなら、腕をぐるぐる動かすことなどできなかったでしょう。

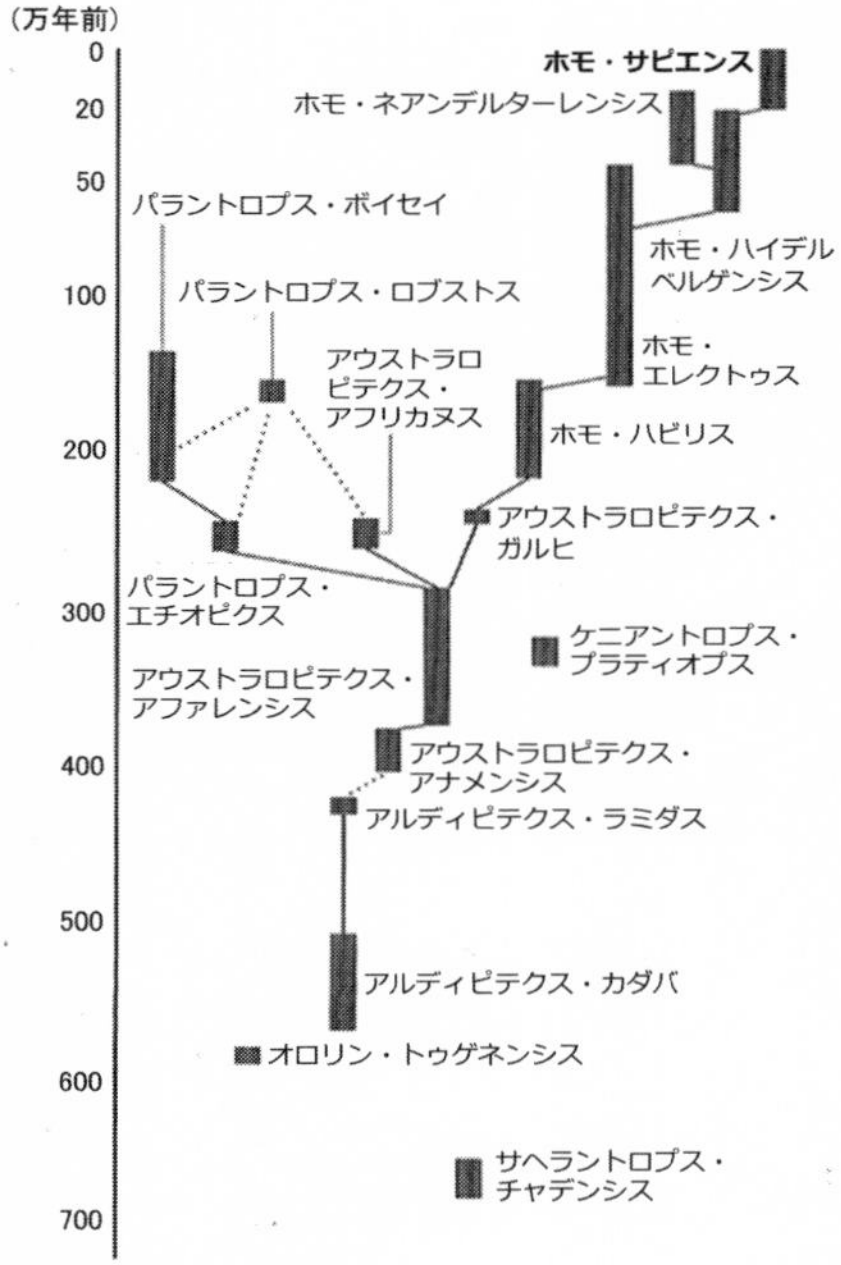

図11　ヒトの進化の過程
（三井誠［2005］『人類進化の700万年』講談社の図をもとに作成）
種名の前半に「パラントロプス」とつくものがパラントロプス属、「ホモ」とつくものがホモ属。

先に述べたように、今から七〇〇万年ほど前、ヒトの祖先はチンパンジーの祖先と分かれ、草原という新天地に進出して、直立二足歩行を始めました。後脚で立ち上がって周囲を見回し、安全を確かめながら長距離を移動して、肉食獣が食べ残した動物の遺骸や食用植物を探し回る環境に適応した結果が、直立二足歩行だったのです。

さらに直立二足歩行は、直立した脊椎の真上に脳が載る形になります。この形は重い脳を支えるための力学にかなっています。つまり、四足歩行動物のように水平に伸びた脊椎の端に脳がぶらさがる形よりも、重くなった脳を無理なく支えることができます。直立二足歩行が、その後どんどん脳が大型化する前提になったのです。

今から三〇〇万年前を過ぎたころ、厳しくなる環境のもとで、ヒトの進化が多様な方向に分岐する段階を迎えていたようです。分岐の方向は大きくみて二つでした（図12）。一つは、「パラントロプス属」で、骨・地下茎などの堅い食物も消化できるように「かむ力（＋おそらく消化器官）」を最大限に進化させました。

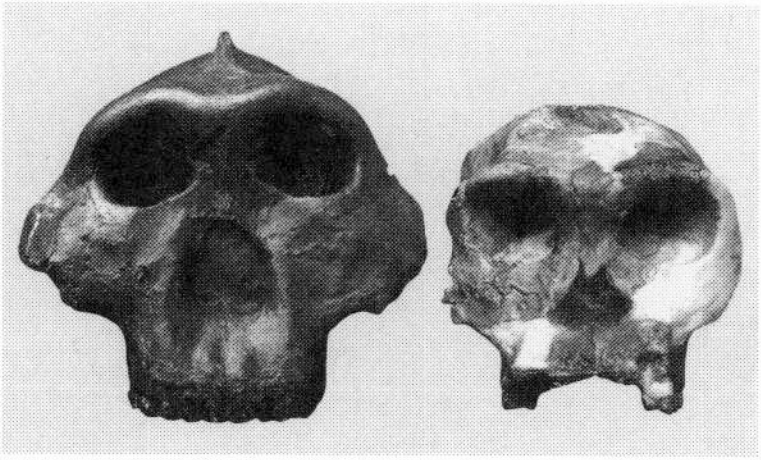

図12　パラントロプス属（左）とホモ属（右）
（C. ストリンガー、P. アンドリュース（馬場悠男、道方しのぶ訳）2008『ビジュアル版 人類進化大全』悠書館より）

咀嚼《そしゃく》のための筋肉の上端は、私たち現代人ではいわゆる「こめかみ（米を噛むときに動く部分という意味だそうです）」のあたりですが、パラントロプス属では、側頭部を超えて頭頂部まで達し、ウルトラマンのような頭頂部の隆起に接着していました（図12左）。頭蓋のほぼ全体を、ものを噛むための筋肉がおおっていたのです。ただそのために、頭蓋の容量は大きくなりにくく、脳の大型化は顕著ではありません。

道具と脳の共進化

パラントロプス属とは別の方向に進化したのが「ホモ属」です。私たちホモ・サピエンスもホモ属ですので、大きく見れば、私たちのより直接的な祖先になります。ホモ属の頭蓋はパラントロプス属に比べると、きゃしゃですが、頭蓋がドーム状に高くふくらんでいます(図12右)。容量が大きくなっているのです。脳が大型化した証拠です。

このことはつまり、厳しい環境を、パラントロプス属は身体能力の増強で乗り越えようとしたのに対し、ホモ属は思考能力の向上で克服しようとしたことを示しています。食物がいつどこで得られるか(記憶)、他の動物をいかに出し抜いて食物を得られるか(思考)。このように頭が働く個体ほど長く生きて多くの子孫を残すということが何百世代も積み重ねられた結果、種全体として脳が進化したのです。脳の進化は、とくに大脳の大型化という形で現れ、それを容れる頭蓋のドームが、どんどん大きくなりました。

ホモ属から脳の大型化が始まったようすは、グラフにするとよくわかります。パラントロプス属の脳の大型化のスピードは、アウストラロピテクスまでのスピードの延長上にある、ゆっくりしたものです。これに対し、ホモ属の脳の大型化は、それとは異次元のスピードです。この急激な脳の大型化の延長上に、私たちホモ・サピエンスの巨大な脳が生み出されたのだということがわかります。

ホモ属からの脳の急速な大型化は、どのようにして起こったのでしょうか。これは、人類史最大の謎だったのですが、近年進展が著しい進化科学と考古学の連携によって、国際的に最先端の仮説が続々と出てきています。日本では、理化学研究所の入來《いりき》篤史《あつし》さんによる「三次元ニッチ仮説」が注目され、私も含む考古学者のチームとの共同研究が始まりました。この仮説を構成する一つに、「道具」を使うことが脳を刺激し、脳の進化（大型化）を加速させるというモデルがあります。たとえば、サルに道具（食べ物をかき寄せる棒など）の使い方を訓練し、それが使いこなせるようになると、そのような作業を担当する脳の部分（領野）が大きくなることが明らかになっています。道具の使用が脳を大型化したという大胆な仮説です。

ヒトが身の回りに新たな環境（右の場合は道具のある世界）を作り出し、その環境がヒトの身体や脳を変えていく（右の場合は道具を使いこなす脳）という、環境との相互作用。ヒトと環境とのあいだに成立するこの独特のメカニズムが、ヒトを特定の方向に急速に進化させたと考えられます。

世界を拡げる道具

ホモ属のさらなる進化形が、「ホモ・エレクトゥス」です。一五〇万年ほど前に現れました。「エレクトゥス」とは「直立した」の意味ですが、今ではもっと古いアウストラロピテクスの段階ですでに直立していたことがわかっているので、この名称は適切でなくなっています。

ホモ・エレクトゥスの段階に起こった大きな出来事は二つです。一つは、ヒトが初めてアフリカ大陸を出てユーラシアの各地に広がったこと。これを、モーセの「出エジプト」になぞらえて、人類の「出アフリカ」と称しています。人類の「出アフリカ」は、二回起こりました。一回目がこのホモ・エレクトゥスの「出アフリカ」で、二回目が、あとで触れるホモ・サピエンスの「出アフリカ」です。

ホモ・エレクトゥスは、出現後まもなくアフリカ大陸を出てユーラシアを東に広がりながらさらに進化しました。ジャワ原人や北京原人とよばれているのはその人たちです。さらにその後、アフリカで進化してホモ・ハイデルベルゲンシスとなった人たちが、ユーラシアの西のほう、ヨーロッパのほうまで広がりました。

ふつうの動物は、種としてこれほどダイナミックに移動して生息域を拡げたりしません。生息域を拡げるには、そこの環境に適応する必要があるからです。ホモ・エレクトゥスは、先に述べたように、道具の使用によって自ら周囲の環境を変え、その環境の中でさらに進化するというヒト独自のメカニズムを身に着けていました。このことが一回目の「出アフリカ」を成功させたのでしょう。ホモ・エレクトゥスからといわれる火の使用も、その成功をあと押ししたにちがいありません。

ホモ・エレクトゥスが「出アフリカ」をして広い範囲に進出したころ、あのウルトラマンのような頭蓋をもった肉体派のパラントロプス属は、故郷のアフリカを出ることもなく、すでに絶滅していました。

言葉としての道具

ホモ・エレクトゥスが起こしたもう一つの大きな出来事は、言葉のような役割をする道具を生み出したことです。アフリカからヨーロッパに進出したホモ・ハイデルベルゲンシスの段階で、それは起こりました。彼ら彼女らは、色や光沢のある石材を選んで左右対称に仕上げるなど、道具に「美」を盛り込むようになったのです（図13）。美しい道具を誇示したり、プレゼントしたりして、道具を社会関係に役立てるようになっていた可能性が高いと考えられています。私たちと同じですね。

図13　美を盛り込まれた道具（手斧）（大英博物館蔵）

ヒトが作るモノのいちばん大きな特徴は、「切る」「突く」や「容れる」「煮る」「盛る」などの物理的機能だけではなく、特別な形に仕上げたり、模様をつけたりするなどの「凝り」を盛り込んで、見る人の心に特定の観念や感情を呼びおこすという心理的機能をもっていることです。芸術作品やモニュメント（記念物）のように、心理的機能しかもたないモノすら、ヒトはたくさん生み出します。それを共有したり、暮らしの空間に散りばめたり、贈り合ったりして、モノを媒介としたコミュニケーションをおこなうのがヒトの特徴です。いわば、言語に準じる働きを、モノはもっているのです。物理的機能だけではなく、モノがもつこのような心理的機能を復元するのは、認知考古学という新しい手法の仕事です。認知考古学についてはあとでくわしく説明しますが、その対象となる心理的機能を盛り込んだモノが、この段階に出現したのです。

計画する思考

約七〇〇万年にわたる人類進化の歴史も、いよいよ最終局面です。約三〇万年前、ヨーロッパにいたホモ・ハイデルベルゲンシスの中から、さらに進化した新しい特徴をもつ「ホモ・ネアンデルターレンシス」が現れました。かつて「旧人」といわれ、私たちホモ・サピエンスの先祖だと考えられていたことがありましたが、現在はそうではないことがわかっています。

ホモ・ネアンデルターレンシスの脳の容量は、私たちホモ・サピエンスと同じか、むしろやや大きい平均一三〇〇ミリリットルくらいですが、身体は筋肉質で、がっしりしていました。高緯度で低温のヨーロッパ北部で進化したため、寒冷地適応が進み、メラニン色素の少ない白っぽい皮膚、ブロンドや赤毛の頭髪、青い瞳、および長い胴などの特徴をもっていたと想定されています。そのことは近年のＤＮＡの分析からも裏付けられつつあります。

ホモ・ネアンデルターレンシスがのこした石ヤリから、彼ら彼女らの脳の働きぶりを復元できます。まず、石ヤリを切り出す母岩を加工し、完成形を頭に思い浮かべながら、その形を先に作っておきます。そして最後に、石ヤリの根元になる部分に打撃を加えて、思った形の石ヤリを母岩から切り離しています（図14）。

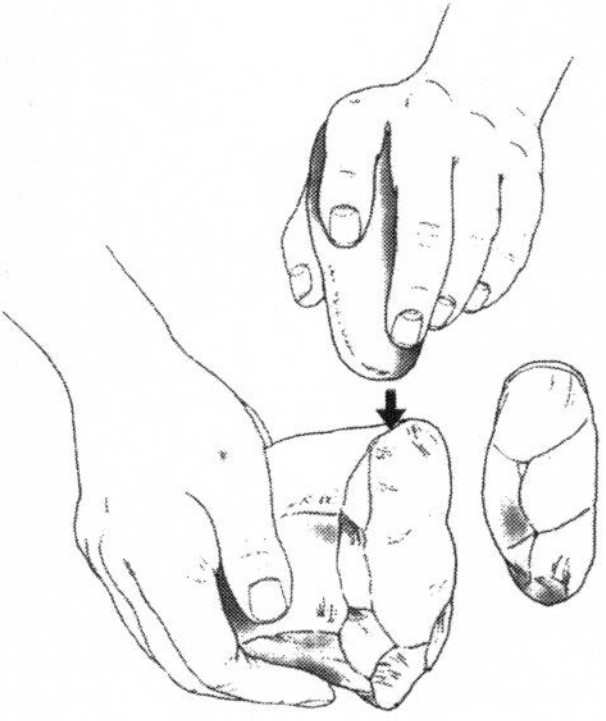

図14　ホモ・ネアンデルターレンシスの石ヤリ作り
（C. ストリンガー、P. アンドリュース（馬場悠男、道方しのぶ訳）［2008］『ビジュアル版人類進化大全』悠書館より）

　このように、ホモ・ネアンデルターレンシスは、作りたい道具の形を先に思い浮かべ、それを作るために最適の材料を選び、何段階もの工程を予測し、それに沿って計画的に作業を重ねて完成品を生み出すという、高度な思考能力と技術をもっていました。

　また、ホモ・ネアンデルターレンシスは、仲間が死ぬとその遺骸を埋葬していました。これも高度な思考能力の産物です。さらに、埋葬に花を供えていた可能性も、遺跡の花粉分析から主張されています。ただし、供花については異論もあります。

社会を作る道具

ホモ・ネアンデルターレンシスの出現から一〇万年ほど遅れた二〇万年前ごろに、私たちホモ・サピエンスが、ホモ・ハイデルベルゲンシスから分岐しました。分岐したのはアフリカでのことです。

ホモ・サピエンスの頭蓋は、ドーム状の発達がきわまり、ふくらみの前の端がいっぱいまでせり出して、目の上の隆起（眼窩上隆起《がんかじょうりゅうき》）も弱くなっています。ただ、ホモ・ネアンデルターレンシスにくらべると、全体にきゃしゃな身体の造りになっていて、脳の容量も、平均するとホモ・ネアンデルターレンシスよりも小さいくらいです。

しかし、その脳が生み出すモノは、ネアンデルターレンシスとは大きく違っていました。まずは、道具の質です。モノに、ホモ・エレクトゥスが美を、ホモ・ネアンデルターレンシスが計画性を盛り込んだことはさきに述べました。ホモ・サピエンスの道具は、その両者を極限までにきわめ、さらに象徴性や想像力といった、その進化した脳でしか生み出すことのできなかった要素を物質化したものです。

ホモ・サピエンスがのこした最古級のモノとして、南アフリカのブロンボス洞窟で出土した七万五〇〇〇年前のアクセサリーと装飾品があります。アクセサリーは、小さな巻貝の殻に穴をあけてつなぎ合わせた史上最古のビーズです。装飾品は、赤い顔料として使われたオーカーとよばれる鉱物の塊で、斜め格子の線を刻んでいます。これも、史上最古のシンボル（何かを象徴する文様）です。

さらに、約四万年前以降になると、ホモ・サピエンスは、たくさんの画材を組み合わせて特定の場面を描く複雑な絵画を残すようになります。三万二〇〇〇年前に描かれたショーヴェ洞窟（フランス）の壁画は、初期ではもっともまとまったもので、ウシ・ウマ・ライオン・シカ・ヒョウ・ハイエナなどを描いています。頂点とされるのが約一万五〇〇〇年前のラスコー洞窟（フランス）で、たくさんの動物に、人間や幾何学的な文様も交えたさまざまな場面が描き出されています。

アクセサリーや絵画は、先に述べた心理的機能しかもたないモノです。こんなモノをたくさん生み出してみんなで共有するようになったヒトは、ホモ・サピエンスだけです。コミュニケーションや贈り物など、個人と個人を結んで、社会関係を結んでいくための道具です。このような道具によって、ホモ・サピエンスは、それまでのどのヒトも作れなかったような大きくて複雑な社会組織を実現しました。

心理的機能をもっぱらとするモノの白眉は、実際には存在しないものを頭の中に創り出すというホモ・サピエンスならではは脳の力、すなわち「想像」の産物です。ドイツのシュヴァーベン・アルプで発見された「ライオン人間」は、文字どおり頭はライオン、首から下が人間で、約三万二〇〇〇年前のホモ・サピエンスがマンモスゾウの牙から彫り出した作品です（図15）。

人間の知恵とライオンの強さを合わせ持つ超越的な能力の持ち主として想像した「ライオン人間」をモノに表すことで、人びとはその姿を共有し、もしかしたら「神」としてあがめたかもしれません。無数の人が心や知識を一つにして作ったホモ・サピエンス独特の巨大な社会の核となるのは神ですが、それは彼ら彼女ら（そして私たち）だけがもちえた自在な想像と、それをモノとして共有する能力の産物でした。神がヒトを造ったのではなく、ヒトが神を作ったのです。

図15　ライオン人間

C・ストリンガー、P・アンドリュース（馬場悠男、道方しのぶ訳）2008『ビジュアル版人類進化大全』悠書館

生き残った理由

さきに、人類の「出アフリカ」は二回あったと言いました。一回目はすでに述べたホモ・エレクトゥスの「出アフリカ」、二回目がホモ・サピエンスの「出アフリカ」で、遅くとも約六万年前には起こったようです（最近では約一八万年前にさかのぼるとの説もあります）。いずれにしても重要なのは、ホモ・サピエンスによる二回目の「出アフリカ」は、ホモ・エレクトゥスによる一回目の「出アフリカ」よりもはるかに遠距離に達し、北極圏、熱帯雨林、海洋といった地球上のあらゆる環境に適応して拡散し、生息域を拡げたことです。赤道直下から極地近くまでの全環境下で生息している生物種は、ホモ・サピエンスしかありません。

その理由は、ホモ・エレクトゥスが「出アフリカ」を果たせた理由と同じ、道具の使用によって環境を変える力にあったでしょう。しかしそれだけでは、ホモ・エレクトゥスの到達範囲をはるかに超えて全地球に進出できたことが説明できません。おそらく、いま述べてきた想像力でもって先のことを予測する能力や、個人ではできないことをみんなでおこなう社会の力が、ホモ・サピエンスの大遠征を実現したと考えられます。さらに近年では、好奇心や冒険心も、それを後押しした力として注目されています。南太平洋に進出したホモ・サピエンスが、肉眼では見えない先の島にボート（あるいは筏？）で渡っている事実などは、好奇心や冒険心や想像力がなければありえない出来事でしょう。

ホモ・サピエンスは、地球上に大きく拡がりながら、少し先に現れたホモ・ネアンデルターレンシスと一五万年間ほども共存し、ヨーロッパでは両者の交配も起こったようです。しかし、ホモ・ネアンデルターレンシスは約四万年前(一説では約二万五〇〇〇年前)に絶滅し、ホモ・サピエンスはその後おおいに繁殖して今に至っています。

それればかりか、あとに戻せないほどに地球の環境を変え、ほかの膨大な数の生物種を圧迫して絶滅に追いやり、「人新世」とよばれるほどに一つの惑星をわがものとしてしまう、全宇宙でも特異な事態をつくり出しています。考古学最大の目的であるヒトの解明と洞察は、この深刻な問題にうち勝って未来を照らす光です。

最古の日本列島人

さて、いよいよ舞台は日本列島です。「出アフリカ」をはたしたホモ・サピエンスは、ユーラシア大陸の東西に進出していきます。東へ向かったグループは、インドから東南アジアを通ったり、中央アジアの内陸部を抜けたりして、アジアの北東部に至りました。彼ら彼女らの一派が、氷期の海面低下のためにほとんど陸続きとなっていた日本列島にわたってきました。もっとも古い石器が出土する地層の年代測定から、それは今から約四万年前よりもやや新しい時代（確かなところで約三万七〇〇〇年前とする説が有力）と考えられています。アジアの北東部までやってきたホモ・サピエンスの一部は、さらに東に向かい、ベーリング海峡を渡って（海氷の上を渡ったのか、陸続きになっていたのかは現在論争中です）、アラスカに至り、そこからアメリカ大陸をずっと南下して、一万年前ごろ、南アメリカ大陸の南端部に達しました。また、東南アジアから南太平洋の島々に進出していった人々もいました。いまから三〇〇〇年前までには、地球上のほぼ全域がホモ・サピエンスの生息域となったのです。

確実に押さえておいていただきたいのは、いま説明したように、約四万年前をすぎて日本列島に最初に現れた人びとは、私たちホモ・サピエンスだったということです。私たち日本人の直接の祖先集団の一つです。

日本列島の歴史は、ここから始まります。このようにしてホモ・サピエンスが日本列島にやってきて、石器を使って狩猟採集の生活を始めた時代が、日本列島の時代区分の最初を飾る「旧石器時代」です。「先土器時代」とか「岩宿時代」とか呼ばれることもありますが、この本ではいちばん普及している「旧石器時代」の名称を用いることにします。

氷期を生き抜く

日本列島の旧石器時代が始まった約四万年前をすぎたころというのは、寒い寒い氷期の真只中です。多くの海水が両極を中心に厚く凍りついていたため、海面の高さは現在よりも一〇〇メートルほども低く、今の日本列島の周囲の浅い海域や瀬戸内海は陸地でした。東京付近の気温が、今のサハリンくらいではなかったかといわれています。

このような寒冷な気候のもとで、生息する動物や植物の種類も、現在とはずいぶん違っていました。ナウマンゾウ（北海道にはマンモスゾウも）やオオツノジカなどの大型動物が生息し、人びとはそれらを狩って暮らしました。これに対して植物は、針葉樹と落葉広葉樹が入り混じった森林から得られる木の実や堅果類など、資源としては乏しいものだったと推測されます。

このように、旧石器時代の主要な食料源は陸上動物でしたから、それを狩るための石器は人びとの生存や繁栄がかかった重要な道具でした。旧石器時代の約二万年間を通じて、石器を作る技術が進展していったプロセスをたどることが、旧石器時代の研究の中核を占めています（図16）。

その出発点となる仕事は、遺跡からバラバラに出てきた石器の製品や製作途中に生じた破片などを、立体パズルのように、元通りに接合していくことです。この作業によって、石器の製作過程と使われた技術を復元することができます。旧石器時代を専門とする考古学者にとっては至福のひと時です。

このようにして、旧石器時代の約二万年の間に、日本列島の各地域で、石器の形や技術がどのように変わっていったかが明らかにされています。まず、旧石器時代のいちばん古い段階、すなわち四万年前をすぎたころから約三万年前までを特徴づけるのは、台形の底辺に刃を付けた形の「台形石器」や、「局部磨製石斧」などです。局部磨製石斧は、打製の石斧の先端部を磨いて整え、刃を付けた道具で、磨製石器の一種ともいえます。用途については諸説あり、柄を付けて樹木の伐採に用いたという説のほか、ナウマンゾウやオオツノジカなどの大型動物の解体に使ったとする説もあります。

みなさんは、中学や高校の歴史の授業で「旧石器時代＝打製石器」「新石器時代＝磨製石器」と学ばれたのではないでしょうか。しかし、新石器時代にも打製石器があるように、地域によっては旧石器時代に磨製石器があるのです。日本列島はその一例です。「旧石器時代に磨製石器がある」などというと混乱するので学校では教えませんが、歴史の実態とは、こ

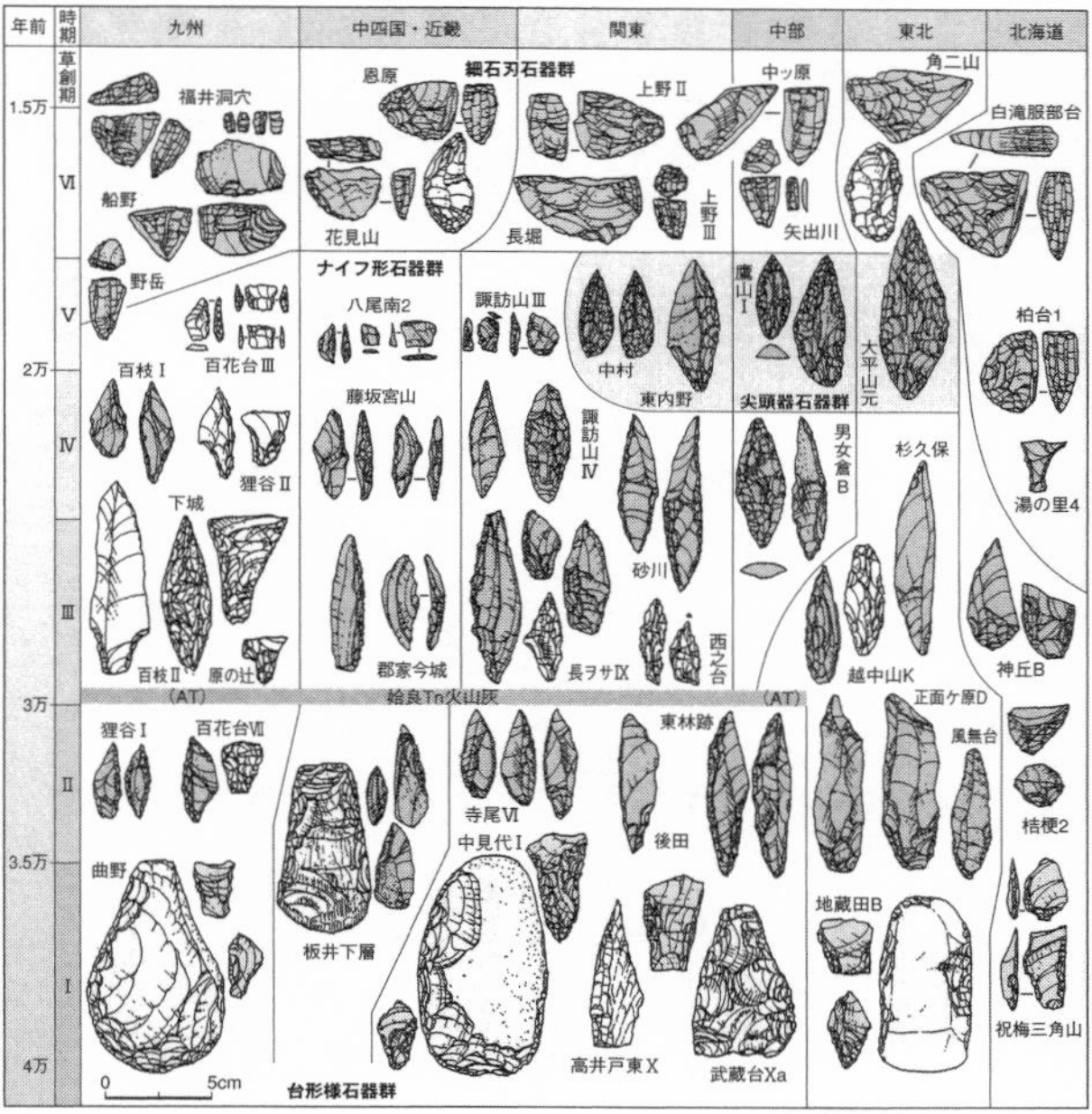

図 16　旧石器の変遷

（堤隆［2009］『ビジュアル版 旧石器時代ガイドブック』シリーズ「遺跡を学ぶ」別冊 02、新泉社より）

のように複雑多彩なものだということを知ってほしいと思います。

旧石器時代のいちばん古い段階には、もうひとつユニークな、人びとの活動の跡があります。「環状ブロック」です（図17）。「ブロック」とは、その場で石器を作ったあとのことをそうよんでいます。石器を作った母岩や剝片や、時によっては完成した製品や失敗作などが密に散らばっている場所で、そこに一人の人が腰を下ろして一連の石器づくりの作業をしたあとと考えられています。

環状ブロックとは、十数個から数十個のこうしたブロックが、環のように並んでいるものです。つまり、十数人から数十人が集まり、円く輪になっていっせいに狩猟具を作ったあとだと考えられています。いつもはバラバラに獲物を追って暮らしている家族たちが、季節になると集まって力を合わせ、大型獣の狩りを共同でおこなっていたのでしょう。

石器の移り変わり

三万年前をすぎて旧石器時代の中ごろになると、石器の形や作り方に、特有の決まりが強まってきます。その代表が「ナイフ形石器」です。ナイフ形石器は、大きな石材の「目」をうまく読み、「急所」を打ち割って、同じような形の細長い剝片を連続的にとったものです。

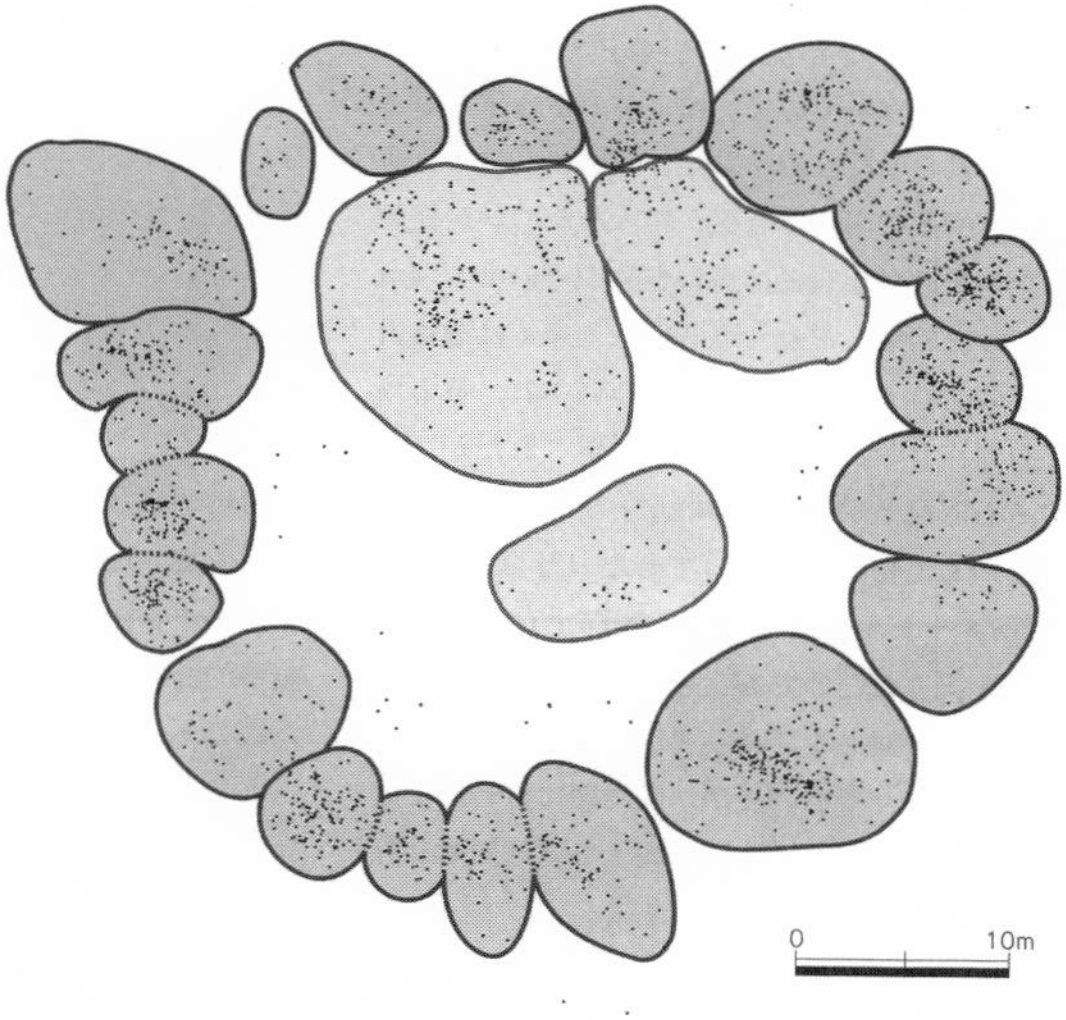

図 17　環状ブロック

黒い点は剥片、円い囲みはブロックを示す（笠懸野岩宿文化資料館『第 40 回企画展 環状ブロック群―3 万年前の巨大集落を追う―』展示図録より、一部改変）

この剥片をさらに加工して、同じような形の製品に仕上げていきます。多くは、片方の長辺が鋭い刃になり、もう一方の長辺は幅の広い平坦面になって、ナイフの形に似ているのでこの名になりました。短い柄を付けて文字通りナイフとして使うこともあれば、長い柄を付けて槍先として用いる場合もあったと考えられます。マルチに使い分けられる便利な道具だったようです。

ナイフ形石器の形や作り方についての決まりには、地域

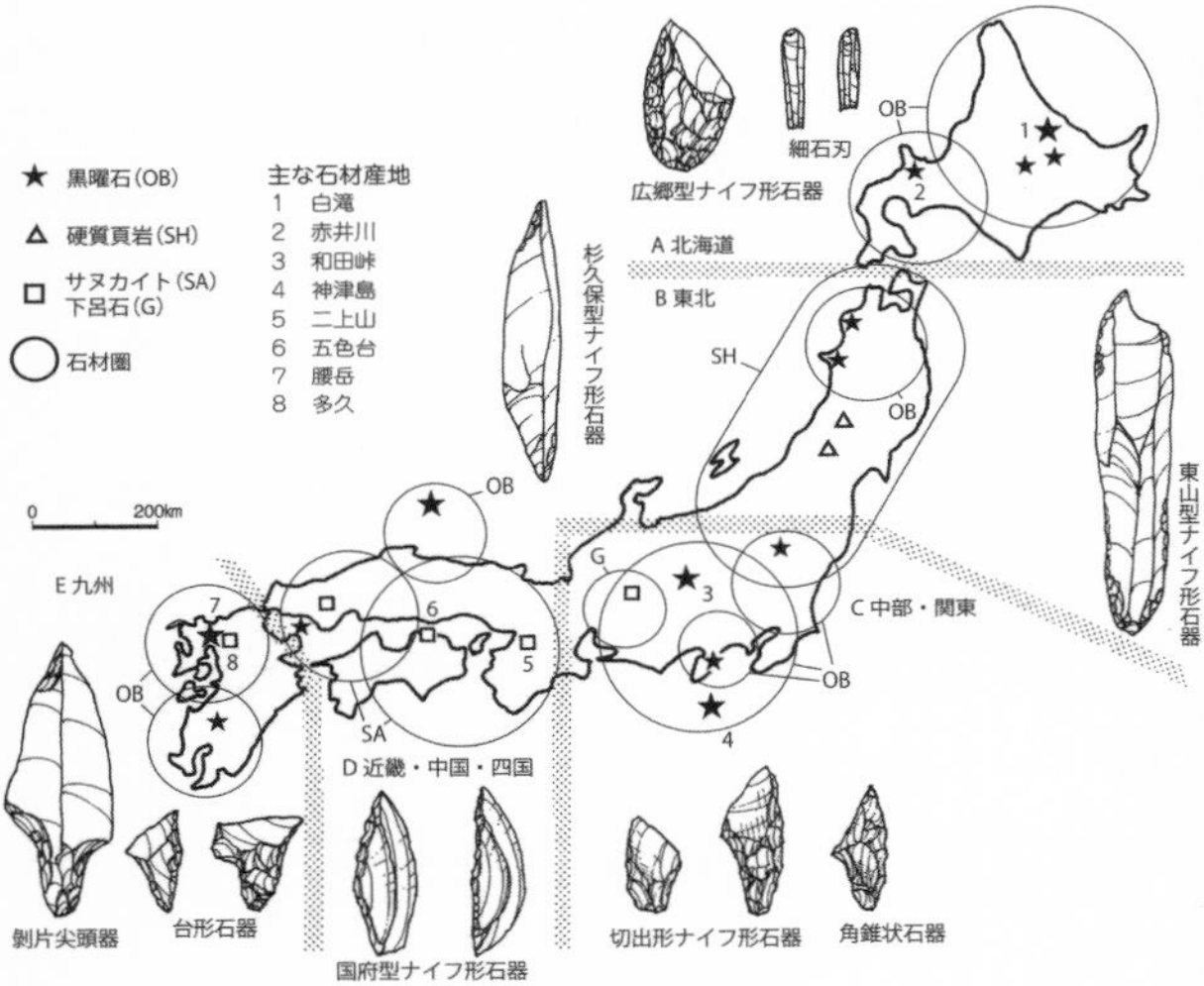

図 18　ナイフ形石器の地域色と石材

（堤隆［2011］『列島の考古学 旧石器時代』河出書房新社より）

色が顕著になっていきます（図18）。たとえば、東北を中心とした地域のナイフ形石器は、縦長の石刃《せきじん》（長軸に沿って刃と稜をもつ細長い剝片）の両端を打ち欠いて尖らせた「杉久保《すぎくぼ》型」です。これに対して、近畿中央部も含めた瀬戸内沿岸の「国府《こう》型」は、横長の石刃を用いるのが特徴で、石の目が杉久保型などは長軸に直交するのに対して、国府型は平行しています。また、九州の「剝片尖頭《はくへんせんとう》器《き》」は、柄を付けるために突起がついています。

　このようなナイフ形石器の地域色は、それを作るのに適した石材（岩石種）の分布と、ほぼ対応しています。石材と、その石材に適した形の石器に加工するための知識や技術とは、いっしょに流通したようです。ナイフ形石器の地域色の範囲は、家族たちが獲物を求めて移動しながら、石材やその他の物資をたがいに交換し、知識や技術を分け合い、ときに婚姻関係を結ぶなどして作っていった空間の拡がりを反映しているのでしょう。それは、あくまでも生活圏の反映であって、コッシナが主張したような「民族」の痕跡だったとは考えられません。ちなみに、九州の剥片尖頭器の分布範囲は朝鮮半島にも拡がっています。今よりはるかに狭かった対馬海峡をまたいでの交流や生活圏があったと考えられます。民族や国家が生まれる段階よりも、はるか前の時代だったのです。

縄文時代への胎動

二万年前をすぎて旧石器時代の最終段階に入ると、「細石刃《さいせきじん》」とよばれる極小の石器が道具の主役になります。長いもので五センチメートルほど、幅は一センチメートル未満で通常は五ミリメートルほどのミニ石器です。日本列島だけではなくユーラシア大陸の北東部で、この時期に広く流行しました。

細石刃は、木製や骨製の柄に溝を掘り、そこに並べて埋め込んだ組み合わせ式の刃で、ナイフからヤリまで用途は多彩でした。ちょうどこのころ、温暖化や乱獲などによって大型動物は北のほうへと退き、日本列島では数が減っていきます。その代わりに、シカ・イノシシ・ウサギなど、列島に残った小型の動物たちが狩猟の対象となり、多人数による大がかりな狩りよりも、家族単位の少人数で小型の動物をしとめることが、主な生業となりました。細石刃は、身軽さを身上とする少人数での遊動生活に適した道具です。

このような中、今から約一万六五〇〇年前に、日本列島では最初の土器が現れます。次の章でくわしく説明するように、土器は植物質の食料を柔らかく煮るのに適した道具ですから、まだ寒冷で植物資源も乏しいこの時期に土器が出現する理由については、さまざまな議論があります。魚貝類を食べ始めたため、という説などが出ています。

一万五〇〇〇年前を過ぎたころから、急速な温暖化の兆しが出てきます。「新ドリアス期」と呼ばれる寒冷化の揺り戻しがありますが、それが終わった後は一気に温暖化が進み、現在よりもまだ二度くらい平均気温の高い温暖期がやってきます。氷期がおわったのです。氷期の終わりとともに、植物資源が豊富になり、たくさんの堅果類を実らせる森林が日本列島を覆います。活発化した海流に乗って、魚貝類も豊富にとれるようになります。この豊かな資源を歴史的前提として、縄文時代へと移行していくことになります。

第三章　縄文土器が派手な理由――認知考古学で解く縄文時代

ヤリから弓矢へ

旧石器時代から縄文時代へという時代の替わり目に、温暖化（つまり氷期の終わり）という地球規模の環境変動があったことを、前章では説明しました。旧石器時代から縄文時代への変化をくわしく知るために、その替わり目の時期の遺跡や、そこで出てきた遺物などをくわしく見ることによって、この地球規模の環境変動が、人びとの暮らしや社会をどう変化させ、縄文という新しい時代を作っていったのかを見ていきたいと思います。

縄文時代への移り変わりを特徴づける石器は、「尖頭器《せんとうき》」です。尖頭器は、旧石器時代が終わりに近づいた二万年前ごろから、細石刃とともに広く使われるようになりましたが、土器が現れる約一万六五〇〇年前を過ぎて縄文時代に入るころには、小さくて軽く、薄手のものが多くなります。狩る対象の動物が小型化したことを匂わせます。

尖頭器の小型化に続いて流行するのは、「有茎尖頭器《ゆうけいせんとうき》」（有舌尖頭器）という、切っ先と反対側（基部）に、柄を付けるための突起が付いた、より小型の尖頭器です。さらに続いて出現するのが「石鏃《せきぞく》」、つまり石の矢じりです。柄の先端を割り、そこに挟み込んで装着するので、安定しやすいように基部には凹みを作っています。

この「小型尖頭器→有茎尖頭器→石鏃」という狩猟具の変化はなぜ起きたのでしょう。それぞれの機能をみると、小型尖頭器は投げヤリだったと考えられています。もとからある大型の尖頭器は、長い柄を付けて直に動物を突く「持ちヤリ」でしたが、より遠くから動物を刺突するためにヤリを投げるようになって、切っ先が小型軽量化したのでしょう。さらに遠くから動物を狙うための工夫として、「投槍器《とうそうき》」という、テコの原理を用いてヤリをより遠くに速く飛ばす道具が、古い生活様式をのこす民族の例などで知られています。有茎尖頭器は、投槍器を用いるヤリ専用の切っ先として発達したという説が有力です。そして、もっと遠くから動物を倒すために考案されたのが弓矢です。数十メートル先の動物に向かって速いスピードで射出するために、切っ先は超小型化しました。

このように、旧石器時代から縄文時代への替わり目で起きた狩猟の道具の変化は、「持ちヤリ→投げヤリ（手投げ）→投げヤリ（投槍器）→弓矢」という順序でした（図19）。「大型動物とみんなで格闘して倒す」ことから「小型の動物を個人で遠くから倒す」ことへと、狩りのスタイルが大きく変化したのです。このことは、寒冷な旧石器時代から温暖な縄文時代に

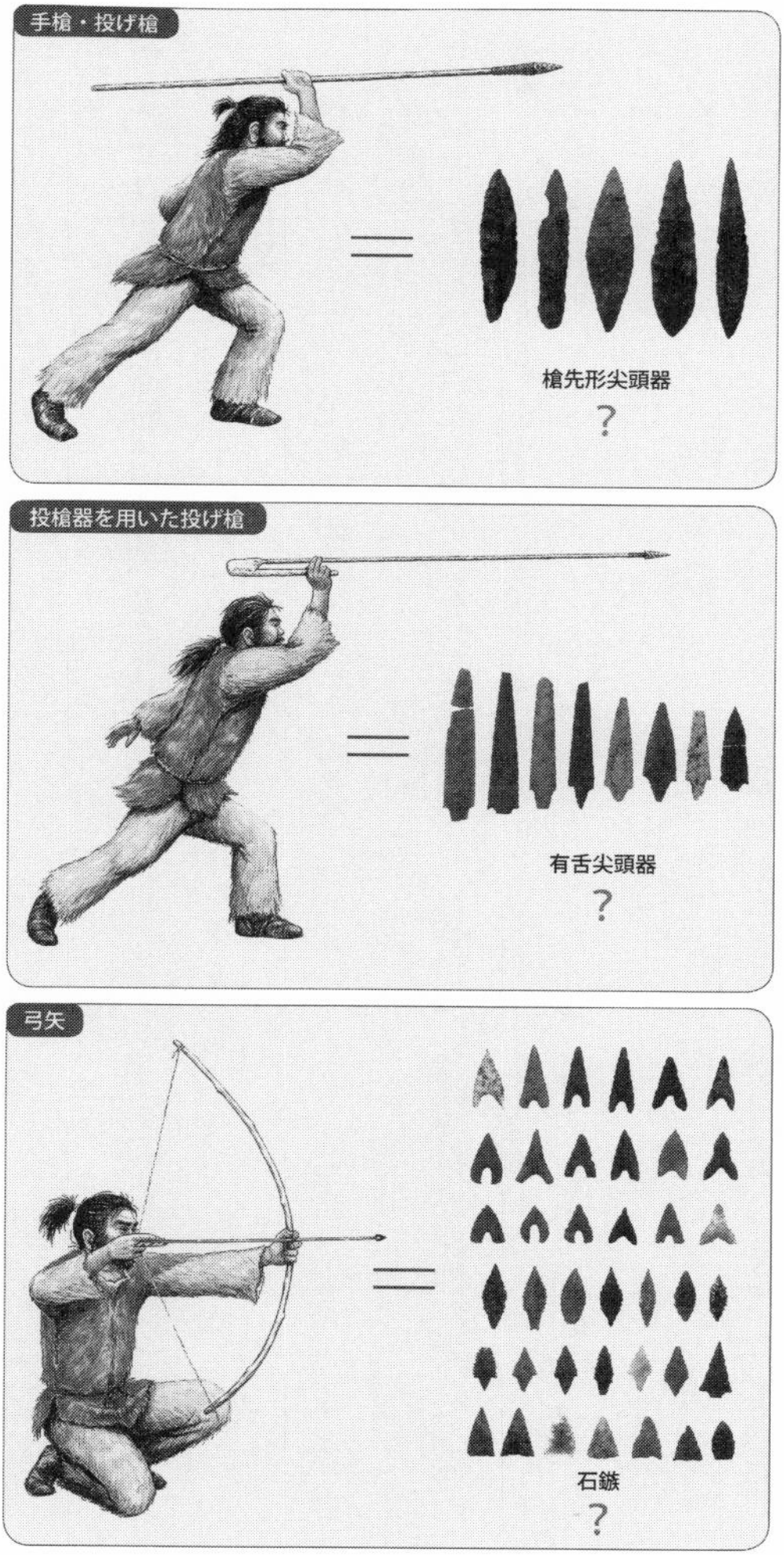

図 19　狩猟具の変化

(工藤雄一郎［2009］「槍・投げ槍・弓矢」国立歴史民俗博物館編『企画展示 縄文はいつから!?――1万5千年前になにがおこったのか』石井礼子氏画、写真は長岡市科学博物館提供)

移り変わるとともに、大型の動物は絶滅したり北方に去ったりして、日本列島には小型の動物しかいなくなったことと符合します。

狩りという活動によって家族が結びつけられることはなくなり、社会も大きく変化しました。これが、旧石器時代から縄文時代への替わり目に起きた大変化の第一です。

土器の出現

大変化の第二は、土器の出現です。先に紹介したように、今から約一万六五〇〇年前に日本列島最古の土器が出現しました。この土器が見つかったのは、青森県外ヶ浜町の大平山元《おおだいやまもと》Ⅰ遺跡です。文様のない簡素な土器片でしたが、付着した有機物を放射性炭素法で測定した結果、年代が判明しました。北海道帯広市の大正《たいしょう》3遺跡でも、これに次ぐ約一万二〇〇〇年前の土器が出土しています。これには、人が爪を押し当てたような文様（爪形文）が付けられています。

一万数千年前にさかのぼる土器というのは、世界でも最古級です。のちに古代文明を生み出した西アジアでは、土器の出現はずっと遅れるのです。最古級の土器は、日本列島のほかシベリアや中国からも発見されています。ロシアのグロマトゥハ遺跡や、中華人民共和国・

湖南省の玉蟾岩《ぎょくせんがん》洞窟はその実例です。とくに玉蟾岩洞窟の例は約一万八〇〇〇年前にさかのぼるという意見もあります。

重要なのは、これらの土器が出土した年代は、まだ氷期が完全に終わらず、寒冷な気候だったということです。土器は、主として植物性食料（木の実や穀物）をゆがいて食べやすくするために発達したと考えられています。しかし、土器が出現した時期には、まだ寒くて植物資源は主要食料源になるほどは繁茂せず、そうした使い方が主だったとは思えません。魚貝類をゆでるためだったという説もありますが、まだ決め手はありません。土器出現の理由は、今後の課題です。

遊動から定住へ

旧石器時代から縄文時代への替わり目で起こった第三の大変化は、恒常的な住居の出現です。

旧石器時代にも、細い木の幹や枝を、互いにもたせかけるようにぐるりと並べ、その元を浅く地面に埋め、上に獣皮などをかけた簡単な簡易住居はあったようです。しかし、きちんと地面を掘り込み、太い材を埋め込んで柱にしたようなしっかりとした竪穴住居はありませんでした。そもそも、大型動物を追って遊動する日々なので、恒常的な住居を作ってもしかたのないような生活だったわけです。

土器が出現する一万六五〇〇年前の頃を過ぎて縄文時代に入っても、しばらくは洞窟の入口や岩陰に住んだりすることが多かったようです。ところが、それからしばらくたって一万四〇〇〇年前を過ぎた頃になると、地面を掘りくぼめ、やや太めの材を柱にしたような、少ししっかりした住居が出てきます。

静岡県葛原沢《くずはらさわ》Ⅳ遺跡はその実例です。この住居は焼け落ちたらしく、床面には、柱や垂木（屋根を支える構造材）に用いられていたとみられる炭化した木材が検出されました。その樹種を鑑定すると、クリとアワブキの二種類に分かれることもわかりました。柱にはクリを用い、同じ落葉広葉樹だけれども小ぶりのアワブキは垂木などに使っていたようです。

この時期から現れるこのような恒常的な住居からは、たくさんの土器や石器などの家財道具も出るようになります。これらは、もはや遊動するのではなく、ここに落ち着いて、人びとは定住的な生活を送るようになっていたことを示しています。

旧石器時代から縄文時代へ

今まで述べてきたことをまとめてみましょう。旧石器時代から縄文時代への大変化を、三つあげました。

第一は、狩猟の道具に示される狩りのしかたの変化です。縄文時代には、石鏃（弓矢）を用いた個人猟が主になります。ただし、とれる動物は小さく、もはや主要な食料源にはなりませんでした。木の実などの植物性食料や、あとで説明する水産資源に、カロリーの多くを頼るようになり、動物の肉は副次的な食料になったようです。

第二は、土器の出現です。出現の要因は謎ですが、気候が温暖化して植物性食料が豊富になると、それを煮炊きするために多量の土器が作られるようになりました。

第三は、恒常的な住居の出現です。人びとは、温暖化して豊富になった植物性食料や水産資源に頼って、定住生活を営むようになります。

なお、第四を付け加えるなら、土偶やアクセサリーなど、心理的機能をもっぱらとするモノの急増です。これらのモノは、人と人とを結びつけて社会関係を作っていく役割を帯びたものだと、先に説明しました。遊動をやめ、住居を建てて定住するようになると、人口も増え、人と人との関係は複雑になっていきます。心理的機能をもっぱらとするモノは、それを調整し、大きな資源量に見合った大きな社会を作っていくための推進力となりました。

縄文時代はいつからか

以上にみてきた、旧石器時代から縄文時代への替わり目に起きた三つの大変化は、同時に起きたわけではありません。一番早いのは土器の出現で、狩猟具に示される狩りのしかたの変化（弓矢の出現）が二番目、恒常的な住居の出現が三番目になると思われます。ただし二番目と三番目の順序は、研究者によって異論があるでしょう。「縄文時代の始まりをどこにするか」については、どの要素を重視するかによって、さまざまな意見があるのです。おもな意見は左の三つです。

（1）土器の出現（約一万六五〇〇年前）をもって縄文の始まりとする。

（2）旧石器時代と縄文時代の間に移行期を設ける（この移行期を「中石器時代」とよぶ意見もあります）。

（3）土器が普及し、狩猟具に示される狩りのしかたの変化（弓矢の出現）、恒常的な住居の出現、および心理的機能をもっぱらとするモノ各種などの要素がそろった段階をもって縄文の始まりとする。

誰もがそろって縄文時代だと認めるのは、さまざまな要素が出そろった（3）の段階で、約一万二〇〇〇年前のことです。完全に温暖化して、繁茂する豊かな植物資源や、活発になった海流に乗ってやってくる水産資源に頼って、多数の人びとが集まって住む大集落が、日本列島のあちらこちらに現れはじめました。ただし、ここに至るまでには、縄文時代の始まりに関していま述べた三つの意見があるように、千年単位の長い移行の時期があったことは重視しなければなりません。

最初の繁栄と滅亡

大集落に腰を据えて文化を花開かせることが最初にはっきりと認められる地域の一つは、もっとも早くに温暖化が進んだ南九州でした。鹿児島県の上野原《うえのはら》遺跡では、台地の上に五〇棟以上の竪穴住居が作られています（同時に建っていたのは十数棟とみられます）（図20）。

縄文時代が本格的に始まったこの時期（縄文時代早期：今から約一万二〇〇〇年前～八〇〇〇年前）の南九州の文化は独特でした。土器にも個性的な形があり、四角い箱のような土器など、南九州のこの時期にしかみられないものがあります。

上野原遺跡で見つかった不思議な遺構に、二つの竪穴が底でトンネル状につながった形の穴があります。皆さんが幼いころに砂場で作ったトンネルのようなものですが、長さは二メートル以上もあります。一方の穴の底で火を燃やした痕跡があることから、これは、一方の穴で火を焚き、もう一方の穴に肉や魚貝などをつるして燻製《くんせい》を作った施設だと考えられています。縄文の燻製、どんな味がしたのでしょうか。

図20　上野原遺跡の復元住居群

燻製を作って楽しんでいたこの集落ですが、今から約六四〇〇年前のある時、激甚災害に襲われました。鹿児島の沖合の海底火山（鬼界カルデラ）が大噴火を起こし、その灰は、東北地方の南部にまで降り注ぎました。これほどの大噴火ですから、火山から近かった上野原では、おそらく生き残った人はいなかったでしょう。遺跡の地層を見ると、集落が作られていた層の真上に、「アカホヤ」といわれる黄橙色の火山噴出物の層が分厚くたまっています。しばらくの間、南九州はこの噴出物に覆われ、植物も燃え果てて埋まり、死の世界が続いたようです。いま、このスケールの噴火が起これば日本はほぼ壊滅するといわれています。それが起こっていないのは幸運なことで、私たちの営みが、どれだけ細い歴史の糸の上になり立っているかということを痛感します。

このような天変地異も克服し、これ以降、日本列島の各地で、豊かな資源をたまものとして、縄文の暮らしと文化が繁栄しました。それがピークを迎えたのは、約四五〇〇〜六〇〇〇年前の、縄文時代中期といわれる時期です。

縄文の暮らし

縄文時代の主食料は、さきに述べたように、堅果類《けんかるい》を主とする森の恵みでした。温暖化して繁茂した森林でたくさん採れる堅果類は、関東甲信越から北の東日本では落葉広葉樹のクリ、東海以西の西日本では常緑広葉樹のアラカシ・アカガシ・イチイガシ・マテバシイなどがつける、いわゆるドングリでした。クリやドングリは、生では食べにくく、土器を用いてゆがいて初めて、美味しく、消化に良く、栄養化が高い食糧になりました。

ただし、東海以西の西日本で食べられたドングリは、ゆでる前にアクを抜かなければならず、味も苦みが残って美味しくありません。これに対して東日本のクリは、アク抜きの必要もなく、ドングリよりも大粒で、味も優れていることはご存じのとおりです。

東日本はまた、サケやマスの遡上が多い点でも、食料資源においては西日本にまさっていました。あとで述べるように、西日本よりも、関東甲信越から東北にかけての東日本の人口が多く、文化も栄えたことの要因は、この食料の豊富さの差にあると考えられています。

クリやドングリなどの堅果類は、ゆでてつぶし、練ってからまた火を通して食べることが多かったようです。堅果類をすりつぶすための「石皿」は、縄文時代の集落からたくさん出ます。堅果類をゆでてつぶし、練って焼いた「クッキー」も出土します。

四季のめぐみ

堅果類は炭水化物なので、人びとの生命を支えるカロリーの量の点でも、今日の穀物に近い位置づけだったと思われます。しかし、縄文時代の遺跡を掘ると、ほかの食物の残滓も、実にたくさん出てきます。そこから、人びとが季節ごとに森林や海・河川からさまざまな産物を得て暮らしていたことがわかります。

縄文時代研究の大家である小林達雄《こばやしたつお》さんは、そのようすを「縄文カレンダー」という図解に示しました（図21）。もっとも主要な食料源となった堅果類は、秋に集中的に採取できま

図21　縄文カレンダー

（小林達雄［1995］『縄文人の世界』朝日新聞社より、木村政司氏作図）

す。晩秋から冬は、食物を求めて集落の近くまでやってきた動物を弓矢で狩る、狩りのシーズンになります。シカ・クマ・イノシシ・ウサギなどの骨が、遺跡からはたくさん出てきます。春になると、証拠はほとんどのこっていませんが山菜なども食料に加わり、さらに初夏に近づくと、堅果類に次ぐ第二の主要食料源といわれる貝類の採取（潮干狩り）がピークを迎えます。

　貝塚は、集中して採った貝を土器でゆがいてむき身を作り、干し貝に加工したあとの大量の貝殻が毎年積み重なってできたものです。ハマグリ・ハイガイ・シジミ・アサリ・キサゴなどが主な種類でした。夏には漁業がしやすくなり、現在食用とされている魚類のほとんどは、縄文時代の遺跡から骨が出土します。沖合に出てカツオやマグロなどの大型魚やイルカ・クジラなどの海獣類もさかんに採っていました。北海道では、トドやアシカが主要な漁獲の対象でした。丸木舟、石モリ、網のおもり、大小各種の釣り針、ルアー（疑似餌）とみられる小型石器などが、海岸の遺跡からは見つかります。内陸部でも、淡水魚の骨に交じって網のおもりなどがよく出てきますので、淡水漁労も盛んだったと考えられます。縄文時代の人びとは、四季折々のめぐみを森や海や川・湖などから豊かに得ていました。

集落と社会

このような豊かな食料源を確保できた縄文時代の人びとは、多人数が一つの場所に集まって住居を作り、何世代にもわたって暮らしていたと考えられます。そのことを示すのは環状集落です。中央の広場を囲んで十数棟から数十棟もの竪穴住居や掘立柱建物が円く並んだ大きな村です（図22）。

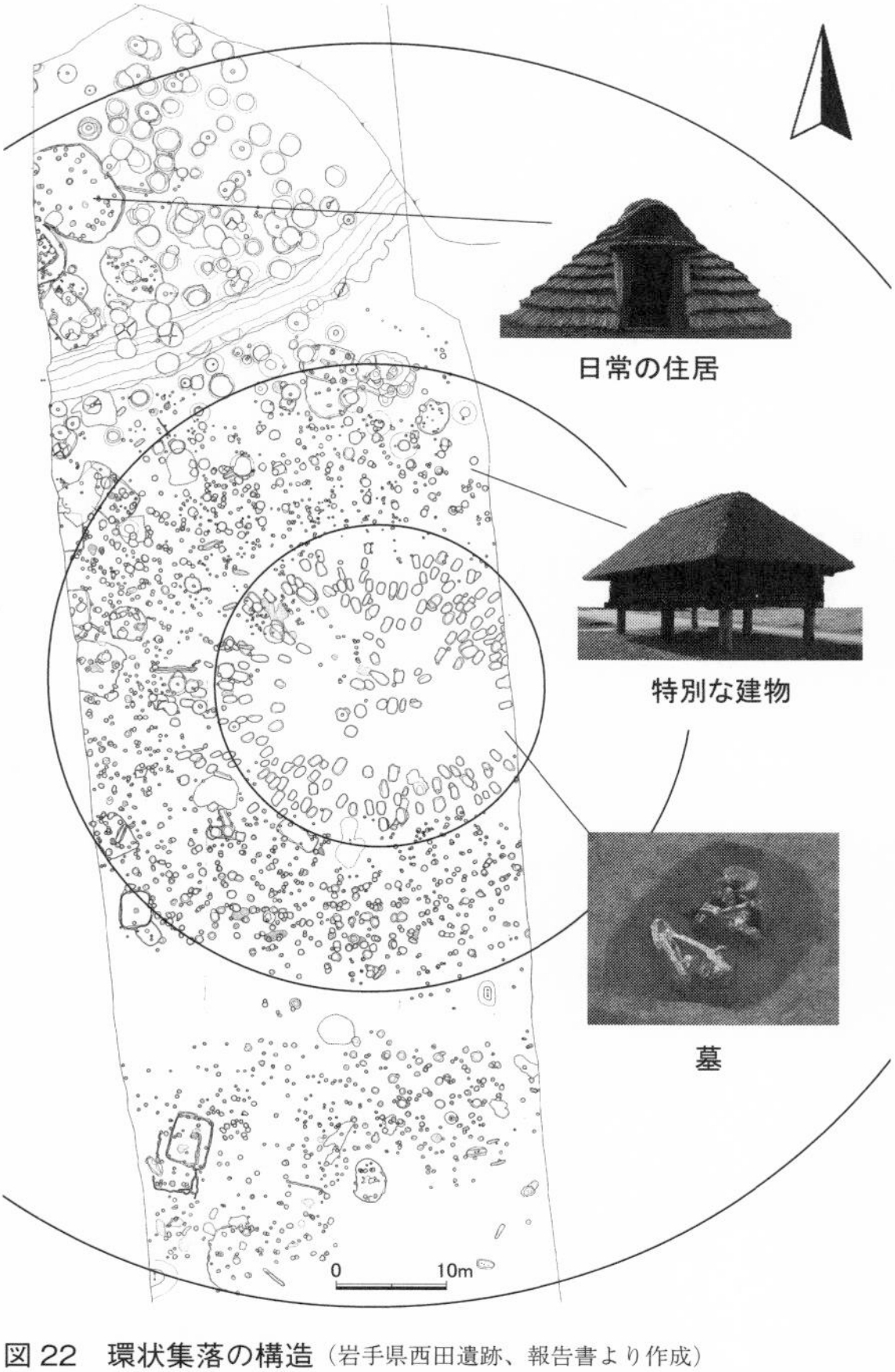

図 22　環状集落の構造（岩手県西田遺跡、報告書より作成）

一基の竪穴住居や掘立柱建物に平均四人が住んだと仮定すれば、これらの環状集落には五〇〜一〇〇人くらいの人が住んでいたと考えられます。温暖化して、とくに資源に恵まれた約六〇〇〇〜四五〇〇年前の関東甲信越から東北にかけては、このような大きな村が数キロおきに並び、日本列島最大の人口集中域でした。なお、環状集落の真ん中の広場は、しばしば墓地になっていました。墓地を構成する墓穴も、外側の竪穴住居や掘立柱建物の配列に対応して円形に並びます。縄文時代の村は、生者と死者とがともに住む場所だったのです。

ただし、集落や墓の中に、とくに大きく入念にこしらえた住居や埋葬は認められません。このことから、たくさんの家族が集まって大きな集落を作り、その集落がたがいに近いところに林立するような社会の段階に至ってはいたけれども、それを取りしきって富や権威を蓄えた有力者がつねにいるような社会のしくみにはなっていなかったと考えられます。

古い生活様式をのこす民族の例をみると、いつも狩りで大きな獲物を仕留めたり、たくさんの収穫を得たりする能力をもった人物が、その富や財を、まわりの人びとに太っ腹に分配し、決して自分のもとには貯めこまないようにする場合が少なくありません。貯めこむ人やいばる人を排除する習わしをもつ社会もあります。

経済的・社会的に平等を保つシステムや世界観をもった社会は、人類史のある段階ではきわめて普遍的だったらしく、縄文時代の日本列島もそうであったと考えられます。国家という、地位や格差の顕著な社会に生まれ育った私たちには想像を絶する世界ですが、そこに生きた人びとの心はどうだったのでしょうか。認知考古学という新しい手法で、縄文時代の人びとの心をのぞいてみましょう。そしてそのことを、縄文時代の理解につなげましょう。

認知考古学とは何か

ヒトが作るモノに、物理的機能と心理的機能とがあることは、すでに何度か述べました。従来の考古学がモノの物理的機能をもっぱら対象にしてきたのに対し、心理的機能を重視してモノを理解するのが認知考古学です。そのことを軸にして、過去のモノから、それを作ったり使ったりしたヒトの心（感情・思考・知識体系・信仰・世界観・価値観）を明らかにすることを目的としています。一九八〇年代の英国で台頭し、二一世紀になって日本でも実践者が出てきました。私もその一人です。

認知考古学は、考古学の歴史のどのような流れの中から出てきたのでしょうか。二〇世紀以降、世界の主流となった考古学は、「人類社会は、世界のどこでも同じ原則と道筋をたどって変化する（歴史の法則性）」「歴史を動かすのは経済の変化」という認識を前提としていました。それが描く歴史の主人公は集団（民族や国家）でした。先に触れたコッシナの「住地考古学」なども、民族を主人公にした考古学ですから、この流れに属するものです。

このような「法則」「経済」「集団」を歴史の基本とする流れに対して、「人類史に法則はなく、偶然が歴史を作る局面もあるから、歴史の流れは多様である」「経済（人の身体を生かすもの）ではなく文化（人の心が生み出したもの）が歴史を動かすこともある」「歴史における個人の役割が大切」といった考え方をする流れがありました。たとえば、一九世紀の末から二〇世紀の初めにかけて活躍したドイツの社会学者マックス・ヴェーバーは、ヨーロッパの資本主義を生み出したのは生産力の発展だけではなく、勤労と蓄財を奨励するプロテスタントの教義という、人びとの心の持ち方でもあったと主張しました。

一九七〇～八〇年代にかけて、考古学にも「偶然」「多様」「個人」「心」を重視しながら、過去のモノを解釈していこうとする一派が現れました。この一派の動きを「ポスト・プロセス」と呼びます。ポスト・プロセスの「プロセス」とは、歴史の普遍的なプロセス（つまり法則）を復元していこうとする主流派（プロセス考古学派）のことで、「ポスト」とは「その後」という意味です。すなわち、従来主流を占めてきたプロセス考古学の後に来るものとして新しく出てきた動き、というのが「ポスト・プロセス」の意味するところです。

ポスト・プロセスの動きは、従来のプロセス考古学派にも自己批判をうながしました。この自己批判の中に、経済だけでなく心の現象（感情・思考・知識体系・信仰・世界観・価値観）も重視して歴史を復元することを目指す動きが芽生えました。これが認知考古学です。

縄文土器の認知考古学

それでは、認知考古学の手法で、縄文の人びとの心の中をのぞき、この時代の特質に迫ってみましょう。

さきほど、縄文時代に入ると、土偶やアクセサリーなど、心理的機能をもっぱらとするモノがたくさん現れて、複雑になった社会関係を調整する働きをしたと述べました。その最たるものが縄文土器です。もちろん、土器は本来、物理的機能を満たすためのモノですが、それとは関係のない複雑な形や派手な文様は、心理的機能を加味するために盛り込まれた要素で、縄文土器の場合は、ときに心理的機能が物理的機能をそこなうほどに発達しています。これは、生物学的なアナロジー（比喩）では、オスのクジャクの尾羽（上尾筒《じょうびとう》）に当たります。飛ぶためという物理的機能よりも、メスをひきつけるという、社会関係の中での心理的機能がまさるように進化した形です。縄文土器も、社会関係の中での心理的機能のために、

図 23　縄文土器の文様の展開
（写真提供：小川忠博、愛知県陶磁美術館所蔵）

あれほどの複雑さや派手さをもつようになったのです。

こんな複雑で派手な土器で実際の煮炊きもするとは、今の私たちの感覚からすれば不合理ですが、当時はそれが当たり前だったのです。というより、そうでなければならなかった。そういう世界観の中で、人びとは生きていたのです。

造形の秘密

縄文土器の造形を、認知考古学の視角でくわしく分析してみましょう。まず気づくのは、縄文土器の文様には、「直線」「角」「区切り」がないことです。ほとんどの造形が曲線で構成されています。それは、生命体（動物や植物）と共通する形の特徴です。このバイオティック（生物的・生命的）な造形とデザインは、縄文土器の最大の特徴です。

このような造形とデザインの中には、特定の動物や植物によく似たモチーフが埋め込まれています。たとえば図23の胴のモチーフは、植物のつるのようにも、ヘビのようにも見えます。また、縁の上の突起は、ヘビの頭のようにも鳥の首のようにも見えます。つるやヘビや鳥をはっきりと描くのではなく、つる「のようにも見える」し、ヘビ「のようにも見える」し、鳥「のようにも見える」というあいまいさを残したモチーフです。あとで見るように、縄文時代の人びとは、特定の生物をはっきりと写実的に造形する能力と技術も持っていたので、このあいまいさは、おそらく意図的にそうしていたと推測されます。「何だろうか?」と見る人に考えさせるのです。

何だろうかと考えさせるこの力こそ、弥生時代以降の土器にはない、縄文土器独特のパワーです。縄文土器の文様を写真に撮って展開してみると、バイオティックなモチーフが二つ以上出てくることがふつうです(図23)。しかし、細部は少しずつ違います。まったく同じモチーフをコピーするのではなくて、どこかを少しずつ変えてあるのです。つまり、この土器のデザインは全体として「繰り返し」ではないのです。「繰り返し」だと、ただのパターン文様だとして脳がスルーしますが、違いがあると脳が反応し、何だろうかと考えさせるのです。

認知考古学の親理論ともいえる認知心理学では、何だろうかと考えさせることを、「意味的処理を活発化させる」と表現します。脳を刺激して、意味を探らせる、あるいは意味を思い起こさせるのです。縄文土器に盛り込まれた心理的機能の中心は、意味的処理を活発化させるという働きなのです。強い意味を盛り込んだ土器が、縄文土器ということもできます。

社会を作る土器

土器に盛り込まれた意味とは、何でしょうか。先述の小林達雄さんは、縄文土器の文様を「物語的文様」と表現しました。物語とは意味の最たるものですから、「意味的処理を活発化させる」という認知考古学の分析結果と経験を積んだ考古学者の直観とが一致するわけです。

縄文土器の文様が、物語なのか、神話なのか、あるいは部族の紋章なのか、その具体的なことは認知考古学ではわかりません。ただそれらが、彼ら彼女らが共有していた言語と世界観に根ざして何らかの意味をもっていた表象（心に思い浮かべることのできるひとかたまりの概念やイメージ）の組み合わせや順列を、彼ら彼女らの心に呼びおこすメディアだったことはまちがいないでしょう。

このような土器を用いて煮炊きをしたり食事をしたりすることを通じて、表象の組み合わせや順列をたがいの心に共有し、確かめ合うことが、たくさんの人びとを大きく複雑な社会にまとめていくための手段として必要だったのでしょう。そのことは、強い意味を盛り込んだこのような土器がとりわけ発達したのが、先に述べた環状集落が密に林立して多くの人口を擁した関東甲信越から東北にかけての地域だったことと符合します。さきに説明したように、人口が増えて人間関係や社会関係が複雑化した中で、それを調整し、まとめるためのさまざまなメディアが必要とされたのでしょう。土器はその重要な一つでした。

私たちの感覚からすれば、社会をまとめるのは、権力やリーダーが作った制度です。しかし、まだ権力もそれをふるうリーダーも現れない段階では、みんなが世界観や物語や神話を強く共有してきずなを強め合うことによって社会はまとまっていました。土器は、そのためのメディアとして働いたのです。弥生時代以降、リーダーやその権力が強まるにつれ、土器は複雑な形や文様を失い、物理的機能をもっぱらとする実用具になっていきました。オスのクジャクの尾羽から、タカやハヤブサの翼へと変わったのです。その具体的なようすは、あとで触れます。

命の世界観

土器とともに、縄文時代の人びとが生み出したものでよく知られているのが土偶です。土偶には、お腹に赤ちゃんを宿した女性を表したものがしばしばあります。土偶だけでなく、

図24　縄文時代のフィギュア：カメ？（上）とクマ（下）
（上：埼玉県東北原遺跡出土 さいたま市立博物館提供、下：青森県尾上山遺跡出土 青森県立郷土館蔵　風韻堂コレクション）

クマやイノシシ、イヌまたはオオカミ、爬虫類、軟体動物あるいは幼虫、キノコ、巻貝などなど、さまざまな生命の姿を、縄文時代の人びとはフィギュアとしてさかんに表現しました（図24）。

縄文時代の人びとが表した生命の姿は、他にもあります。粘土に子供の手形や足形を押しつけて焼いた土製品で、子供の成長を記念したのか、亡くなった子供の形見としたのか、諸説ありますが、縄文時代の人びとが子供の成長に大きな思い入れをもっていたことがわかります。

命を生み出す営みとしての生殖そのものをかたどった表現もあります。女性器は比較的珍しいのですが、男性器をかたどったものは石棒と呼ばれ、祈りに多用されたようです。子孫の繁栄を祈る場面が、儀礼の中に織り込まれていたと考えられます。子供の成長のあとにせよ性器にせよ、生殖・出産・成長という生命の循環を祈り、祝う行為でした。

その生命の循環を滞りなく支えてくれるのは、折々に豊かな恵みをもたらしてくれる四季のめぐりであり、さらにそれを動かす大きな力は太陽の運行でした。縄文時代の人びとにとって、太陽の運行は生存を保証してくれる偉大な力であり、また、日の出と日没、夏至（強い太陽）と冬至（弱い太陽）を繰り返す点で、それ自体、生命の営みになぞらえられる循環性をもっています。

ですから、縄文時代の儀礼の場は、しばしば太陽の運行と深く関わって造られました。秋田県大湯《おおゆ》遺跡は、ほぼ同じ大きさの石のサークルが二つ並び、一方の中心からもう一方の中心を見通した延長上に夏至の太陽が沈んでいくようにセットされています。日時計状の石の影が、夏至の日の出の瞬間、見ている人をまっすぐ指し示すような演出です。夏至の夕方、ここにたくさんの人が集まり、太陽を見送る盛大なセレモニーをおこなったのでしょう。

強まる祈り、変わる社会

今から約四五〇〇年前をすぎて縄文時代後期に入るころ、それまでの繁栄が危機に直面するようになります。その少し前から始まっていた気候の冷涼化によって、森林や海洋の資源の減少が表面化し始めたのです。冷涼化といっても、氷期のような極端に寒冷な環境に戻ったわけではありません。しかし、平均気温の低下は、豊かな資源に頼って栄えていた縄文文化の体力を、しだいに奪っていきました。大きな村に多数の人びとが定住して暮らせるほどの資源量がなくなり、人びとは少人数ずつ小さな村に分かれて住み、資源を節約しながら暮らすようになりました。

危機に面した人びとの心の変化が、認知考古学による土偶の顔の研究から明らかにされています。この研究を進めたのは、日本での認知考古学のパイオニアである岡山大学の松本直《まつもとなお》子《こ》さんです。くわしくみてみましょう。

縄文時代の人も現代人も、同じホモ・サピエンスなので、脳や身体の生得的機能は共通しています。正確に言うと、遺伝子レベルでは「進化」しているのですが、たかだか一万年程度では、遺伝子レベルの変化は、形質（目に見える心や身体の特徴）には表れません。パソコンでいうとまったく同じ機種です。ですから、顔の表情の認知（泣いているか笑っているか、喜んでいるか悲しんでいるか、などの感情の読み取り）も、縄文人と現代人はまったく同じです。また、現代人でも民族を超えてまったく同じです。日本人の悲しい表情がアフリカ人には楽しい表情、などということはありえません。あったら、円滑な国際交流などはできないでしょう。

このことを利用して、松本さんは、縄文時代の遺跡から出土した土偶の顔の写真と精細図を、岡山大学に在籍している世界各国・各文化集団の留学生数十名に同じような条件で見せ、それぞれの土偶の顔について、「どんな感情を表しているか」「男性らしいか女性らしいか」などの数項目の問いを設けて答えさせました。

実験の結果、縄文時代でも中期（四五〇〇～六〇〇〇年前）の土偶の顔は、大多数が「幸せ」「女性的」と答えたエリアに入ったのに対し、後期と晩期（二八〇〇～四五〇〇年前）の土偶の顔は、大多数が「怒り」「嫌悪」「男性的」のエリアに入りました（図25）。つまり、中期の土偶は「幸せ」「女性的」といった印象や感情を、後期・晩期の土偶は「怒り」「嫌悪」「男性的」という印象や感情を呼び起こす傾向が強いということです。こうして、土偶の意味や役割が、縄文時代の中期と後期・晩期との間で変化したという仮説が導けました。怒りや嫌悪を含む怪異な顔と身体に土偶が変化したのは、危機に面した人びとが、それだけ

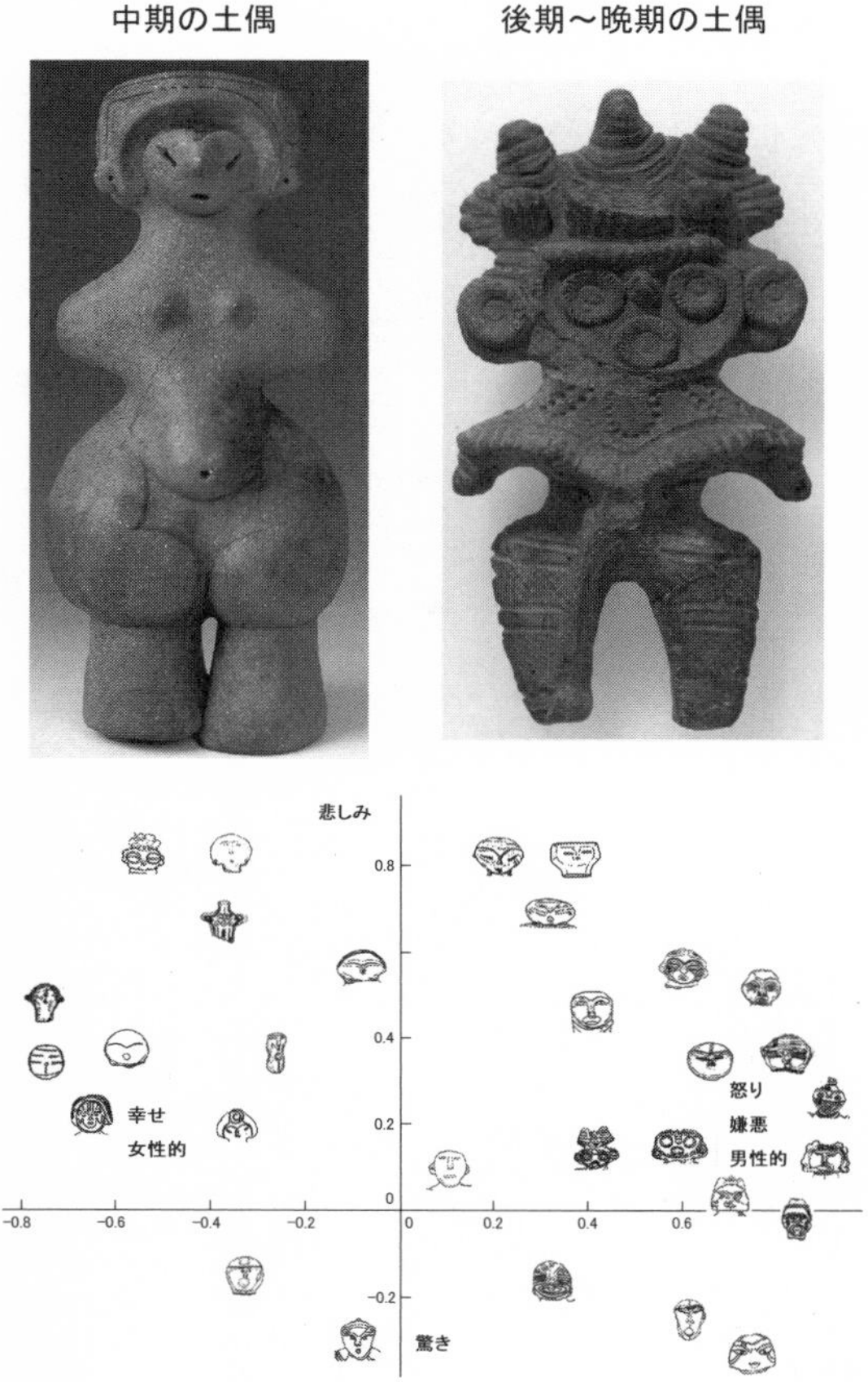

図 25　土偶の変化

(松本直子氏提供、土偶写真は左が長野県棚畑遺跡出土 茅野市尖石縄文考古館提供、右が埼玉県鴻巣市滝馬室出土 出典：国立文化財機構所蔵品統合検索システム　http://colbase.hich.go.jp/collecition item/tnm/J-23211?locale=ja)

強く容赦のない力を土偶に期待したのかもしれません。

　実は、さきに紹介した秋田県大湯遺跡のサークルは、冷涼化によるこのような陰りが見え始めた縄文時代後期の産物です。儀礼や宗教は、往々にして社会に危機が訪れた時に盛んになります。食料の枯渇におびえる人びとは、めぐみをもたらしてくれる太陽の運行に、より強い思いと願望を託すようになったのでしょう。

　同じころ、竪穴住居の中に、平たい石で床をふき、同じく石張りのエントランスをもった立派な造りのものが現れます。これを「敷石住居《しきいしじゅうきょ》」といいます。危機を乗り切って成功を導いてくれる強力なリーダーに威信が集まるようになり、そういう特別な人たちが敷石住居に住んだという説があります。いっぽう、さきにみた男性の生命力にまつわる儀礼具である石棒がしばしば見つかることから、敷石住居はそれらを用いた儀礼用の建物だったという説もあります。

　いずれにしても、冷涼化で資源が減った後期と晩期は危機の時代で、特別な人物がリーダーとして威信を集めたり、儀礼の道具や場がより大がかりに作られたりするなど、社会や文化に大きな変化が生じたことは確かです。そしてこのことが、次の弥生時代への扉を開けることになったのです。そのようすは、章をあらためてみていきましょう。

第四章　ヒト特有の戦うわけ——弥生時代と戦争の考古学

農耕の始まり

縄文時代の最終局面、今から二八〇〇〜四五〇〇年前の後期と晩期に訪れた危機と閉塞感を打ち破る動きは、西からやってきました。植物栽培と、それに根ざした新しい世界観の到来です。

西日本（九州・瀬戸内・近畿など）を中心に、後期と晩期の遺跡からは、植物栽培の痕跡がよく出てきます。この事実を決定的にしたのは、「レプリカ法」とよばれる、考古学の新しい分析法です。レプリカ法とは、土器の表面や内部（割れ口）に認められる栽培植物の種子の圧痕《あっこん》にシリコンを流し込んで高精度で型を採り、それを顕微鏡で観察して種類を同定する技術です。その結果、雑穀やマメ類などの粒が、土器を作ったときの土の中に含まれていたことがわかりました。土器づくりの場で紛れ込んだのか、意図的に土に混ぜたのかはわかりませんが、相当の量の穀物やマメの粒が、人びとの暮らしの場に行きわたっていたことを思わせます。

そのほか、貯蔵穴（地面に穴を掘って主にドングリなどを貯蔵した施設）や土器の底から、アズキとダイズが出てくることもあります。また、耕作や収穫に用いたと思われる石器（穂摘具・石グワ）も、晩期にも出そろいます。水田による稲作こそまだありませんでしたが、採集や狩猟や漁撈に頼る暮らしから、畑作の農耕に軸足を置く生活へと舵をきりつつあったのです。

縄文から弥生へ、心の変化

この畑作農耕は、大陸から渡来してきたと考えられています。重要なのは、同じときに土器もまた、大陸や朝鮮半島の土器と同様、シンプルな形で文様をもたないものに変わったことです。中期の関東甲信越で発達したような複雑華麗な土器とは、コンセプトがまったく異なる土器です。社会をつくる心理的機能の部分は失われ、煮炊きや盛り付けなどの物理的機能を主眼にしたものへと、モノとしてのありかた自体が変わったのです。

縄文の後にくる弥生土器というのが、まさにそういう機能本位の土器ですが、縄文時代最後の数百年間に、すでに西日本では弥生土器と同じく心理的機能の薄い土器が作られるようになっていたのです。農耕が本格化すると土器がシンプルで機能本位になるという傾向は、

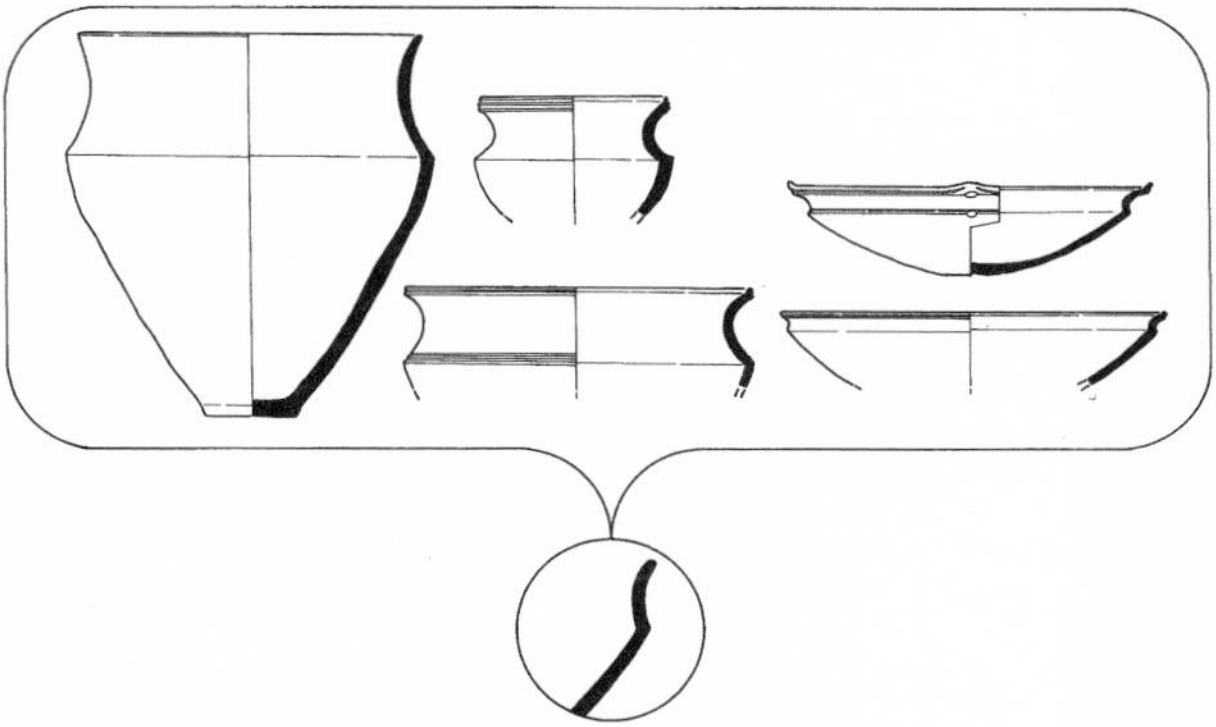

図26　土器の形のパターン
（中園 聡［1994］「弥生時代開始期の壺形土器：土器作りのモーターハビットと認知構造」『日本考古学』第1巻第1号より）

世界の各地でかなり普遍的に認められます。
　このような機能本位の土器が、農耕とともに現れる理由は何でしょうか。認知考古学のトップランナーの一人である鹿児島国際大学の中園《なかぞの》聡《さとる》さんは、この頃に機能本位となった土器の形の、個体差を超えたパターンを見つけ出しました（図26）。縄文時代晩期の九州北部の土器の断面フォルムをみると、いずれも、上のほうは内湾する（内側に向けて張り出す）ように、下のほうは外湾する（外側に向けて張り出す）ように作られています。そして、内湾する上部と外湾する下部の比率や長さを変えることによって、煮炊き用の「深鉢」、盛り付け用の「浅鉢」「大皿」というように、各種の物理的機能に即した器を作り出しました。つまり、これらの土器を作った人びとの頭の中には、きわめてシンプルな土器の形の「設計原理」があって、それに沿って、合理的に土器づくりをしていたのです。ものづくりに関するこのような合理性・計画性は、農耕を成功に導く合理性・計画性と通底するものでしょう。

このように、冷涼化のために人口が減って分散し、勢いを失った縄文時代最後の数百年間には、雑穀やマメ類を中心とした農耕という新しい生活様式と、機能本位の土器づくりにみられる合理的思考が、すでに大陸や朝鮮半島から西日本に伝わっていました。ただし、この伝播は、より遠い東日本にはすぐには届かず、はっきりとした農耕や機能本位の土器も、そこではなかなか現れません。

弥生時代の幕あけ

冷涼化が極みに達した約二九五〇年前（紀元前一〇世紀後半）、朝鮮半島南部を直接の起源として、新しい農耕が伝わってきました。水田による稲作です。日本の歴史学では、ここから弥生時代が始まるとされています。

水田稲作が伝わってきたのは、かつては今から二四〇〇～二五〇〇年前のことと考えられていて、多くの教科書にはそう書かれているでしょう。けれども、さきに説明した放射性炭素法などの新しい年代測定の成果から、現在では、その旧説より五〇〇年くらい早く、水田稲作が伝わった可能性が強くなっています。

水田稲作を海の向こうから日本列島に伝えたのは、どんな人びとだったのでしょうか。縄文時代の人骨をみると、たとえば頭蓋は、眼窩《がんか》（目の穴）が四角く、眼窩上隆起（眼窩の上のわずかな張り出し）が認められ、前後の寸法が短い傾向があります。これに対して、弥生時代の九州北部の墓からよく出るタイプの頭蓋骨は、眼窩が丸みを帯び、眼窩上隆起ははっきりせず、前後の寸法は長くなっています。水田稲作が伝わった当時の人骨の良好な資料は少なく、目下進みつつあるＤＮＡ鑑定などで確かめる必要はありますが、今のところ、水田稲作を朝鮮半島から日本列島に伝えたのは、「渡来系」とよばれるこのような人びとだったと考えられています。

「渡来系」の人びととは、はるか過去にユーラシア大陸の内陸部を通ってアジアの北東部にやってきたホモ・サピエンスの子孫と考えられます。この人たちは、保温のために体表面積が減ったり、凍傷防止のために粘膜の露出が小さくなったりするなど、寒冷な環境に適応した形質をもっていました。手足が短く、ひげが薄く、一重まぶたで唇がうすいなどの特徴です。このような人びとではありましたが、今から約四五〇〇年前以降の冷涼化には従来のままで

新石器時代の
雑穀農耕民
北海道には
7世紀ごろに
オホーツク文化人が
大陸から流入
長江流域の
稲作農耕民
新石器時代人
と混血？
由来の異なる
渡来人集団
が混血？
列島内では
1000年以上かけて
縄文人と混血する
南西諸島への流入は
中世以降に盛んになる

図27　水田稲作の伝来と人びとの渡来

（出村政彬（協力：大橋順・篠田謙一・藤尾慎一郎・斎藤成也）［2021］「特集ヤポネシア　47都道府県人のゲノムが明かす日本人の起源」『日経サイエンス』第51巻第8号）

は対処しがたく、しだいに南のほうへと居住域を拡げ、ついには日本海をこえて列島に到達したとみられます（図27）。

列島に移住してきたこの人びとの暮らしぶりは、まもなく周囲にいた縄文時代以来の「在来系」の人々にも受け入れられるとともに、「渡来系」と「在来系」の人々の混交も進んでいったと考えられます。このような新しい文化と遺伝子が、九州から山陰・瀬戸内へ、さらには近畿・東海へと浸透し、最終的には関東から東北南部にまで広がっていきました。

弥生時代と戦争

弥生時代の開始を告げたのは、水田稲作

だったと述べました。しかし、水田稲作が、それ以降の国家形成にいたる歴史の動きを主導したわけではありません。水田稲作がもたらす生産力の高さが日本列島のスピーディな国家形成の要因になったのだとする説が有力だった時代もありました。しかし、水田稲作の伝来が従来の考えより約五〇〇年も早かったと判明したことで、日本列島の国家形成のスピードは、ほかの種類（ムギやトウモロコシなど）の植物栽培や牧畜による社会と、あまり変わらないことがわかりました。また、農耕をするけれども国家を作らない社会の存在も、近年では注目されています。

水田稲作とともに伝来して弥生時代の開始を告げたもうひとつの要素に、武器と防御施設があります。人を殺傷する意図を込めた石剣、大きな石の矢じり、攻撃から守る意図を表した環濠（円くめぐるほり）などが、最古級の水田稲作をともなう集落から出土します。他者との関係に武力をちらつかせるという、縄文時代にはなかった態度が、人びとが作り出すモノに表現されたり、織り込まれたりするようになったのです。

このような態度の最たるものが戦争です。弥生時代の武力が、戦争とよべるまでの規模や組織度に達したかどうかはこれからくわしくみていきますが、戦争とつながる表象（心に思い浮かべることのできるひとかたまりの概念やイメージ）が人びとのあいだを飛び交い、モノに表現されるようになったのが弥生時代だったことは事実です。その意味で、弥生時代から始まる日本列島の国家形成の道筋は、戦争と無関係ではありませんでした。

地球上のほかの各地でも、歴史のある段階から戦争が登場し、国家や帝国の形成の過程の中で大きな役割を演じます。現代の国際社会も、戦争や、それへの備えを起点として、国々の関係がなり立っています。「日米同盟」もその一翼です。今なお普遍的で未来に暗い影を落とす戦争という現象について、世界の多くの考古学者が、その発生の要因やメカニズムを解明する努力を続けています。この「戦争の考古学」の視点から、日本列島で初めて戦争が頭をもたげた弥生時代を、歴史的に位置づけてみましょう。

戦うチンパンジー

人間の歴史において戦争が発生したのは、いつでしょうか。文字による記録もまだない遠い過去のことであるとしたら、それを明らかにする仕事は考古学に期待されます。「戦争がいかにして始まったか」、そのメカニズムを解明することは、「どうすれば戦争をなくせるか」という人類の未来の課題につながっていきます。考古学が社会に対してできる大きな貢献の一つです。

ところで、「戦争」とは何でしょうか。個人的な攻撃行動（暴力）がたくさん集まれば、「戦争」になるのでしょうか。確かに、私たちヒトがもって生まれた行動様式の中には「攻撃行動（暴力）」が含まれています。また、行動と感情はセットになるのですが、攻撃行動を促進する「敵意」や「憎しみ」といった感情も、私たちの脳内に明らかに存在しています。チンパンジーとの共通祖先から今日の姿に向けての進化のプロセスも、暴力と無縁でなかったことは明らかです。

ヒトともっとも近い生物であるチンパンジーは、顕著な攻撃行動を見せます。どんな攻撃行動でしょうか。チンパンジーは、十数頭から数十頭の群で暮らしています。群は、複数のオスと複数のメスからなる「複雄複雌集団《ふくゆうふくし》」です。オスは、生まれた群に一生残りますが、メスは成長すると生まれた群を出て他の群に入ります。ですから、一つの群の中のオス同士は父子・兄弟・従兄弟などで、みんな血がつながっています。

こうした群の社会を背景にして、チンパンジーには二種類の攻撃行動がみられます。第一は、群の中のオス同士が、食物や、群に入ってきたメスをめぐって起こす争いです。ただ、群のオス同士のあいだには厳しい序列ができるので、この争いがみられるのは序列の変動（たとえばボスの交代）などの時だけで、勝者が敗者の命を奪うまでにはなりません。

第二は、群同士の争いです。それぞれの群はテリトリーを持っていて、その中にある食物やメスを全力で守ろうとします。そのために、互いに血縁関係にある同群のオスたちは、敵対する群のオスたちと戦います。群のオスたちは、テリトリーを守るために、ときには隊列を組んでテリトリーの縁辺をパトロールします。その際に敵対する隣の群のオスたちと遭遇すると、激しい戦いになります。この戦いで命を落とすオスも珍しくありません。ある観察記録では、パトロール中だけではなく、敵対する群のオスが単独でいる時を狙って襲い、袋だたきにして殺してしまうこともあります。群が全滅した例もあります。

オスの戦い

以上のように、チンパンジーのオスは、集団の中で食物やメスを争い、集団同士のテリトリー争いにも参加するという社会的環境の中で進化しました。集団内や集団同士の戦いに勝てる強い力を持った身体の大きいオスのほうが、生き残って子孫を残せる確率が高いという状況が何十〜何千世代も繰り返されます。このような、生物の身体を遺伝的に特定の方向に変えていく力を「選択圧」といいます。選択圧によって、オスの身体はしだいに大型化したと考えられます（もちろん、チンパンジーの「先祖」の種の時代にすでに同じような選択圧が働き、オスはもともと大型化していた可能性もありますが）。こうして、現在のチンパンジーは、オスの身体がメスの身体よりも平均して一五パーセントほど大きくなっています。このように、オスとメスとで身体の大きさその他の特徴が異なる場合を、生物学の用語では「性的二《せいてきに》型《けい》」といいます。「性的二型」は、オスとメスとが違った形の選択圧を受ける環境で出現します。

ヒトも、「性的二型」です。ヒトの場合は性別を超えた個体差も顕著で、これ自体興味深いことですが、それでも男性は女性よりも平均して一〇パーセントほど大きい身体をもっています。チンパンジーとの共通祖先の段階（約七〇〇万年前）に、すでに現在のチンパンジーと同じ程度の一五パーセントほどの性的二型となっていた可能性が高いので、現在一〇パーセントということは、以後のヒトの進化においては、オスの身体を大きくする選択圧は小さくなったのでしょう。とはいえ、ヒトの身体が他のさまざまな部分で著しく変化した（直立二足歩行や脳の大型化など）にもかかわらず、性的二型が今日まで解消していないということは、オスの身体を大きくする選択圧そのものは存続しつづけたのでしょう。

その選択圧とは、チンパンジーの場合は戦いでした。ヒトの場合、その進化の過程は遠い過去のことなのでチンパンジーの群のようにリアルタイムでの観察はできませんが、おそらく戦いが、オスの身体を大きくする選択圧として働いた可能性が高いでしょう。ヒトも、チンパンジーと同じ複雄複雌集団（複数のオスと複数のメスからなる複雑な群れで、往々にして個体間の競争関係が強い）を作っていたと考えられるので、戦いもまたチンパンジーと同じように、メスの獲得や群の防衛が主要な動機になっていたと推測されます。

戦争とは何か?

それでは、初期（太古）のヒトの進化の過程で生じていたそのような戦いは、「戦争」とよべるのでしょうか？　いいえ、次の二つの点で、「戦争」とよぶには至らないでしょう。

第一は、戦いの規模です。「戦争」は、文字記録に表れた古代の戦争でも、両軍合わせて数百人以上もの規模で行われます。チンパンジーの戦いや、そこから類推される初期（太古）のヒトの戦いは、せいぜい十数人か数十人で行われたものでしょう。また、戦いの参加人数が少ないと、戦うための集団の組織化も不完全です。このような戦いを、「戦争」とよぶことは、まだ難しいと思われます。

第二は、戦いの生物学的動機です。「戦争」とは何かを考えるときにはむしろこちらのほうが大切なので、少していねいに説明しましょう。

チンパンジーの戦いにオスが参加する動機は、自分の遺伝子を残すことです。群の中での戦いに勝ち抜けば多くの食物とメスとの交配機会が得られるので、それだけ自分の遺伝子をたくさん未来に残すことができるわけです。また、群同士の戦いに参加することは、群という、自分の生きる前提となる集団を守ることなので、これも自分の遺伝子を残すことにつながります。もし、群同士の戦いの中で自分が命を落としても、そのおかげで同じ群の他のオスが生き残れば、彼らは自分の親・子・兄弟・従兄弟など濃い血縁関係をもつ個体なので、自分と同じ遺伝子の一部が未来に残っていくことになります。

生物学の大家リチャード・ドーキンスは、すべての生物のすべての個体（私たち一人一人も含め）は、その遺伝子を乗せて次世代へと運ぶ「乗り物」だ、と述べています。この観点からすると、チンパンジーの戦いは、それに参加することによって自分の遺伝子を次世代へと運ぶことができる、という意味で、生物学的に合理性があるということです。

以上に述べたことをもとにして、「戦争」とは何かを、あらためて考えてみましょう。まず「戦争」とは、個人間の攻撃行動（暴力）を質的に超えた、大規模で組織的な戦いです。「質的に」というのは次のようなことです。チンパンジーの戦いや初期のヒトの戦いは、それに参加するオスにとって生物学的に合理性があるのに対し、大規模で組織的な戦いは、それに参加する個体にとって、圧倒的多くの場合、生物学的に合理性はありません。なぜならば、そのような戦いに参加しても、そのオスが食物やメスとの交配機会をじかに得られるわけではないため、戦いという行為が自らの遺伝子を残す結果にはなりません。また、チンパンジーの戦いならば、参加するオスはその中で命を落としても同じ群のオスが生き残れば自分と同じ遺伝子の一部が未来に残っていくことになりますが、大規模（数百〜数百万人規模）な戦いの場合は、オスがその中で命を落とす代償として未来に残る自らの遺伝子の比率はゼロまたは非常に微々たるものです。

このように、参加するオスにとって生物学的に合理性がないという点で、大規模で組織的な戦いは、個人間の攻撃行動、あるいはチンパンジーや初期人類の戦いとは本質的に異なるものであって、このような戦いのみを「戦争」と呼ぶべきでしょう。

考古学からみた戦争の始まり

「戦争」は、いつどのようにしてヒトの社会に出現したのでしょうか。ヒトは、いつからどのような理由で、「戦争」すなわち参加する者の大多数にとって生物学的に合理性のない戦いをおこなうようになったのでしょうか。

そのことを、考古学から明らかにしようとした日本の先駆者は、二〇世紀後半の日本考古学をリードした佐原真《さはらまこと》です。佐原は、「戦争」の考古学的証拠、すなわち「どのようなものが出土すればそこで戦争が行われていたとわかるのか」を、次のように示しました（図28）。

A. 対人用武器（動物ではなく人を殺めるための専門の武器）
B. 防御施設（環濠、とりで、城壁など）
C. 受傷遺体（武器が刺さったり、損壊させられたりした人骨）
D. 武器副葬（武器や武具を供えた墓）
E. 武器崇拝（武器を拝んだり、ショーアップしたりする行為）
F. 戦争芸術（戦士や戦争の場面を表した絵・彫刻・像など）

以上の六つの「戦争の考古学的証拠」について、佐原は、日本列島と世界各地のデータを集成して、時代ごとに並べました。そうすると、興味深いことがわかりました。

これらの「戦争の考古学的証拠」は、地球上どの地域でも、農耕が始まると出現することが明らかになったのです。そこから、農耕が戦争を引き起こしたという仮説を、佐原は唱え

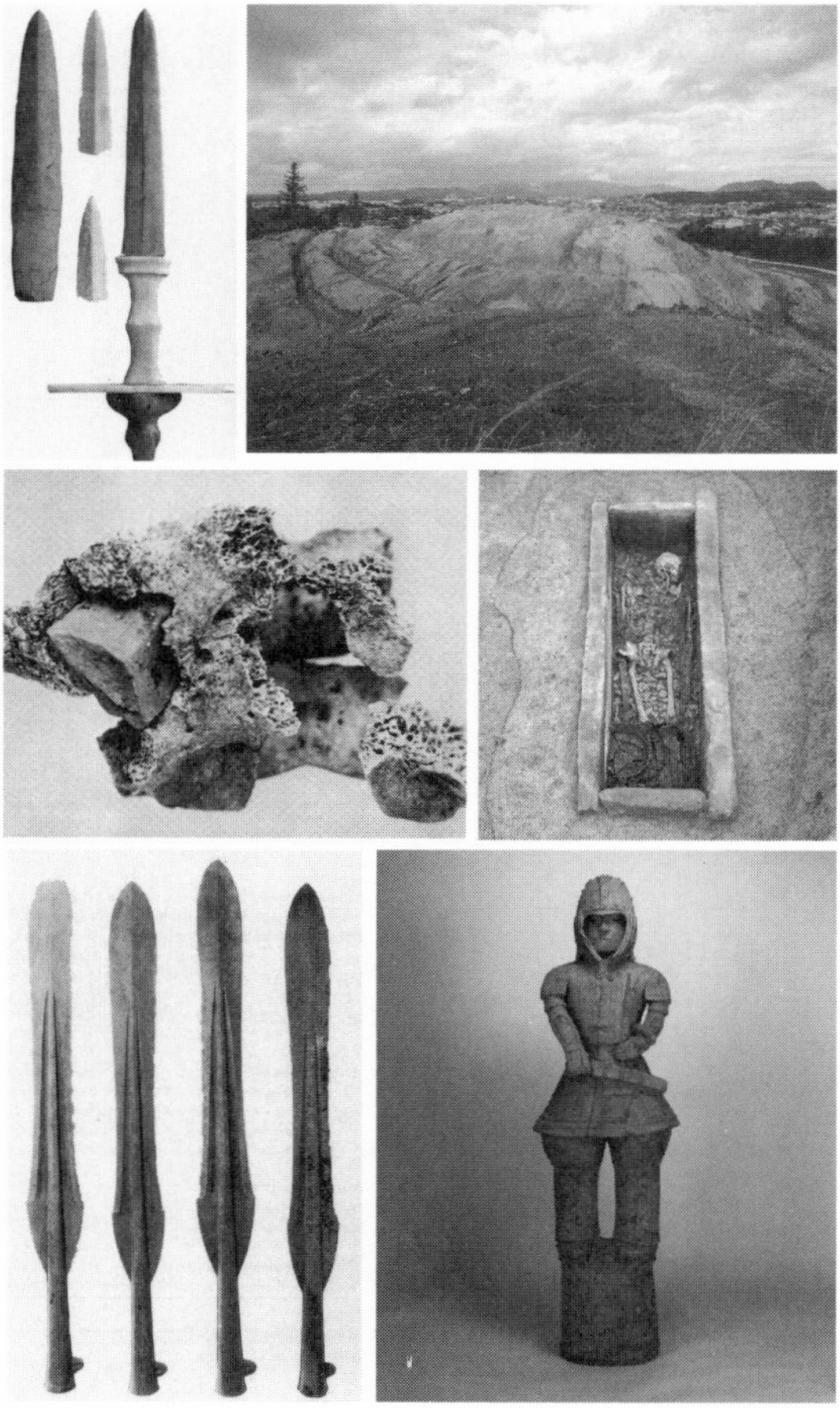

図28　戦争の考古学的証拠：対人用武器（左上）、防御施設（右上）、受傷遺体（左中）、武器副葬（右中）、武器崇拝（左下）、戦争芸術（右下）

（九州国立博物館・東京国立博物館提供、および各報告書より）

ました。ただ、農耕をしていなくても戦争をおこなっている例が少数あり、それを調べてみると、漁獲の多い湾のほとりで、豊かな水産資源に頼って定住している場合でした。農耕もまた、特定の植物資源に手をかけて高い生産量を実現する農地のそばで定住するものです。つまり、自然（湾）か人工（農地）かを問わず、「豊かな資源を占有して定住する」という生活様式が、戦争を発生させる可能性が高いことがわかったのです。

戦争発生のメカニズム

重要なのは、「豊かな資源を占有して定住する」という生活様式の確立が、なぜ戦争の発生を導くのかという、その要因とメカニズムです。それには、次の二つが考えられます。

第一は、社会経済的要因です。「豊かな資源を占有して定住する」生活は、人口の増加を招きます。具体的にいうと、とくに農耕社会では穀物による「離乳食」が発明され、赤ちゃんの離乳が早くなります。赤ちゃんが離乳すると母親は次の子供を妊娠できるので、離乳が早くなることによって一人の女性が生涯に出産する子供の数が多くなります。ちなみに、狩猟採集社会では、一人の女性の出産間隔は平均しておおむね三〜四年ですが、農耕社会では一〜二年です。

また、離乳食や穀物食は消化が良くてカロリーも高く、定住によって生活パターンも安定するので、乳児の死亡率も減り、それまでよりも多くの子供が成長することができます。また、消化が良く高カロリーの食物と安定した生活のために、平均寿命が延びて熟年以上の高齢者も増えます。こうして、人口は急激に増加します。

しかし、通常の場合、いくら豊かな食料資源（農産物や漁獲）があっても、人口の急増に食料の増産は追い付かず、数世代の後には一転して欠乏が訪れます。しばしば、災害や環境変化によって欠乏が深刻になり、急激な危機を迎えることがあります。このような状況の中で、他集団の資源や財を強奪するという選択がなされると、そこから戦争が始まることになります。

第二は、社会心理的要因です。豊かな資源を占有して定住する生活では、その資源に対する強い防衛意識が生まれます。また、定住して世代を重ねると、そこに集団としての強い占有意識が芽生え、集団のメンバーにとっては、「自分の命をかけてでも守るべきもの」という観念が強化されていきます。このことによって、領域を守るための戦いや、ひいては他者の領域を奪うための戦いが正当化されたり、美化されたり、集団の規範となったりして、戦争の心理的な引き金へとなっていきます。

日本列島の戦争の始まり

日本列島では、弥生時代に入ると、先の六つの「戦争の考古学的証拠」のうち、三つがほぼいっせいに出現します。対人用武器、防御施設、および武器副葬です。これらは、水田稲作といっしょに、朝鮮半島南部からの「渡来系」の移住者たちがもちこんだもので、そういう意味では、日本列島の戦争は外来の文化だったといえます。

ただし、それらは水田稲作を主とする農耕とともに、日本列島に深く根づいて、社会を変えていくことになります。受傷遺体は、縄文時代にも偶発的な暴力によるものが少しありますが、あとでくわしくみるように、弥生時代になると数を増します。そのころから、特定の武器を大きく作って祭祀に使う、武器崇拝といってよい行為が盛んになります。水田を拓いて農耕を行い、それを守って定住するという新たな生活様式が、日本列島でも戦争と深く結びついていたと考えられます。

このような、物心両面での戦争にまつわる思想や道具を深く宿しながら、縄文時代とは大きくちがう弥生時代の社会が展開していきます。ただしそれは、これまで想像されがちだった、むき出しの武力による「ムラからクニへ」の征服や統一のようなイメージではありません。勇ましく的確に戦闘を導いてくれるリーダーへの信服、濠や土塁や柵による守りの中で運命を一つにする一体感の高揚、戦いを背景にして「男の持場」と「女の持場」とが決められていくことなどが、強いリーダーを仰いでそれに従うことをよしとするヒロイック（英雄志向）な集団関係を作り上げていきました。また、集団どうしが実際に戦うことより（それも珍しくはなかったでしょうが）、たがいに武備を誇示して張り合いつつも認め合うことが多かったでしょう。パワーバランスの上にたった集団どうしの盟約関係が、たけだけしい世界観を背景にして拡充していくプロセスが、国家形成へとつながっていきます。

戦争と弥生時代社会

このような状況のもとで、日本列島各地の弥生時代の社会がどのように展開していったのかを、地域ごとにみていきましょう。

まずは、水田稲作が最初に伝わって早くから定着した九州北部のようすから、みていきましょう。現在の福岡県と佐賀県の日本海に面した地域で、関東平野の利根川や濃尾《のうび》平野の木曽川のように制御がむずかしい大河はありません。堰《せき》を作って水を引いてこれるくらいの適度の大きさの川が、幾本も並んで日本海に注いでいます。そういう川の流れの間の高まりの上に、人びとは村々を営み、その中心となるひときわ大きな村には、内外に守りや威厳を見せつけるための濠や土塁をめぐらせました。そして、川の流れに沿った低い場所に、川からの水で灌漑を設け、水田を拡げていきました。こういう大きな農村が川に沿って数キロおきに並ぶ風景が、九州北部の地域社会の姿でした。福岡空港のすぐ近くにある板付遺跡はその例です（図29）。

図29　復元された板付遺跡
（中央に環濠、右手前に水田、福岡市提供）

そんな具合に、農村が、まわりに水田を拡大しながらいくつも並び立ち、さらにはそこから分かれた小さな村落も周辺に自分たちの水田を作って生活するようになります。水田稲作の伝来から五〇〇年くらいたった紀元前三～四〇〇〇年代には、気候は再び温暖になり、稲作の生産も軌道に乗って、人口が急速に増えたようです。考古学の発掘データから、このころ、川沿いの平野は農村や水田ですっかり埋め尽くされ、増えた人口は内陸の丘陵地帯のほうに新開地を拓くようになっていたことがわかっています。人びとの暮らしは野山を埋め、土地や水の資源がしだいに不足し、社会は危機を迎えたのです。

このような危機感をエネルギーにして、さきに述べた、強いリーダーを仰いで一体感を高めた集団どうしがパワーバランスの上で結びつくヒロイックでたけだけしい社会が成長していきます。このような状況の中で、集団どうしの緊張関係が実際の戦闘へと暴発してしまうことも、ときにあったようです。この頃の九州北部の遺跡からは、石製や青銅製の武器が刺さったり、それによって傷をつけられたりした人骨、首を斬られた遺体などがしばしば発見されます。

王の登場

このような緊張感を背景に、紀元前二〇〇年をすぎたころ、各地の大きな農村のパワーバランスの中心に立つことで力をつけた「クニ」とよぶべき大農村が現れます。一つは、今の福岡市から南の春日市にかけての地域を拠点とした須玖《すぐ》遺跡群、もう一つは、その西側の糸島市周辺にあった三雲《みくも》遺跡群でした。このようなクニは、のちの三世紀の日本列島のことを当時の中国人が記した「魏志倭人伝」に出てくる「国」につながるもので、須玖遺跡群が「奴国《なこく》」、三雲遺跡群が「伊都国《いとこく》」になったことはほぼ確実です。九州北部の二大強国です。

このようなクニができる過程で、もとは戦いの場を背景としていたリーダーが日常でも力を帯びるようになり、やがて「王」とよばれる権威者に成長した痕跡も見出せます。有名な佐賀県の吉野ヶ里《よしのがり》遺跡の一角には、盛り土をもった墓（墳丘墓《ふんきゅうぼ》）があり、そこには十数基の甕棺《かめかん》（甕に遺体を収めたもの）が埋め込まれています。その多くは、優れた戦いのリーダーと認められた人物だけが持てる青銅製の剣を副葬しており、そのような人びとの社会的地位を墓に表現するようになったようすがうかがえます。

紀元前一世紀になると、そうした人びとの一部は、さらに力を蓄え、戦い以外のさまざまな活動、たとえば周囲との交渉、中国との外交（後でくわしく説明します）、金属器の生産などもリードして、クニの統率者すなわち「王」へと成長していきました。さきに述べた三雲遺跡群と須玖遺跡群のクニでは、それぞれの王の墓が発見されています。

須玖遺跡群を例に、大きなクニとその王のようすをくわしく見てみましょう。川と川とに挟まれた低い丘陵の頂や斜面が平らに造成され、多数の竪穴住居が作られています。人びとがひしめき合って住んでいたところです。丘のふもとには水田が営まれ、人びとが食べる米が作られていました。丘のところどころには一般の人びとの墓地があり、遺骸を収めた甕棺が密集して埋められています。これら一般の埋葬には、副葬品はほとんどありません。いっぽう、その一角に一辺約三〇メートルに土を盛り上げた墓（須玖岡本墳丘墓）があって、たった一つの甕棺（一〇号甕棺）が埋められていました。そこには、戦いの場での威信を示す青銅製武器（剣・矛・戈）七本以上、中国との外交で得た三二面以上の鏡、中国の王侯貴族がもつガラス璧（ディスク）などが副葬されていました。これが王の埋葬です（図30）。

もう一つの強国・三雲遺跡群にも、須玖岡本と同じくらいの大きさの墳丘墓（三雲南小路《みくもみなみしょうじ》墳丘墓）があり、そこからは二基の甕棺が見つかりました。武器をたくさん副葬したほうが王、装飾品の副葬が充実したほうが王妃（あるいは王の姉妹）の墓と考えられています。王の墓からは、青銅製の剣、ガラス製の璧のほか、「金銅製四《こんどうせいし》葉座《ようざ》金具《かなぐ》」という、青銅に金メッキを施した風車のような形の金具が出てきました。これは、中国の王侯貴族が用いた木棺の飾り金具で、中国の王朝から海を超えて贈られたものでしょうが、甕棺には装着できないため、仕方なくそのまま副葬したものです。中国王朝に「周辺民族の王」としての地位を認められていたことの証拠でしょう。このように、弥生時代の九州北部のクニは、漢帝国の傘下に入った王が君臨し、中国の文明が流入する列島最先端の政治勢力に成長しました。

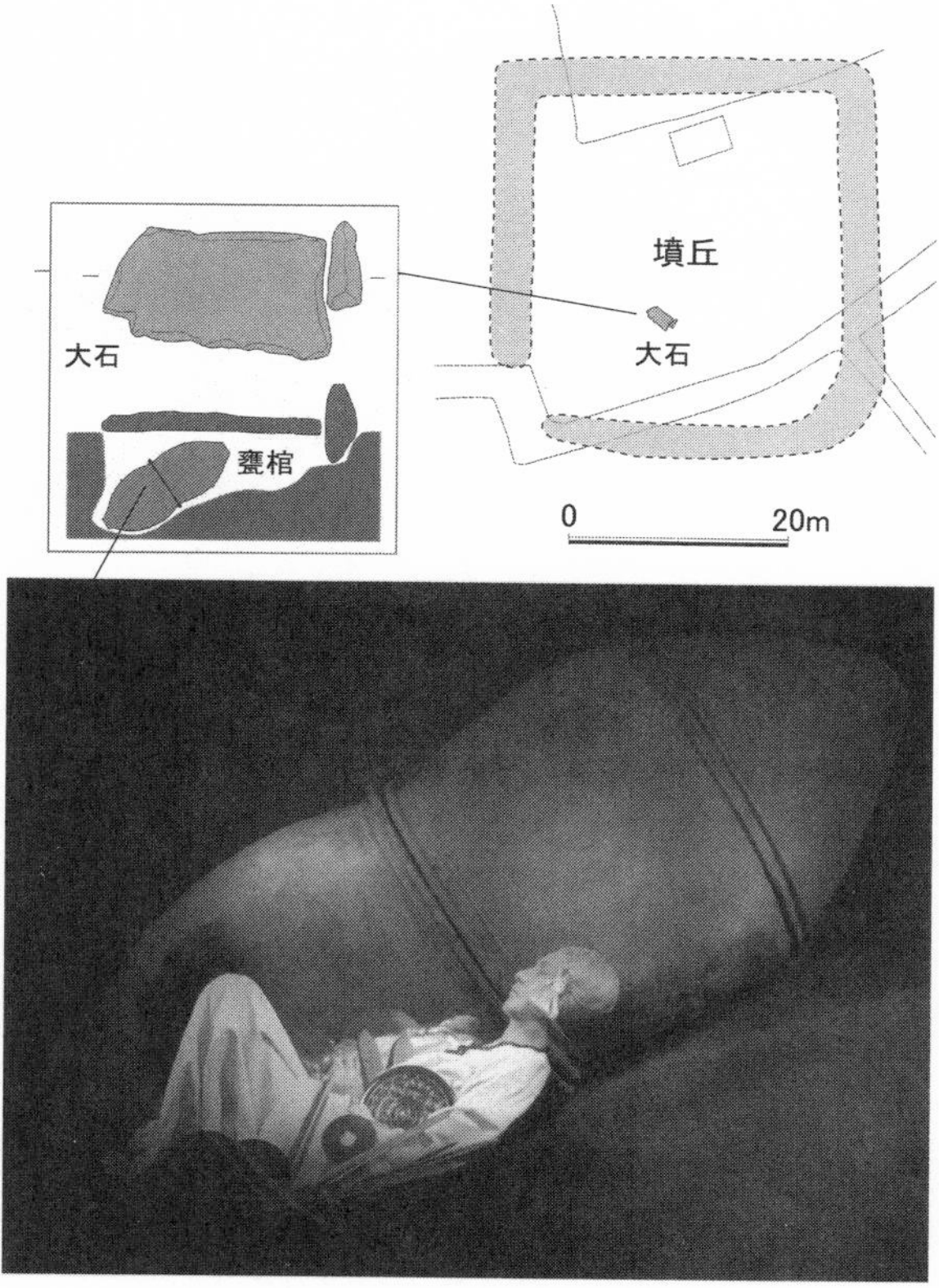

図 30　須玖遺跡群の王の埋葬
(福岡市博物館・春日市奴国の丘歴史資料館提供)

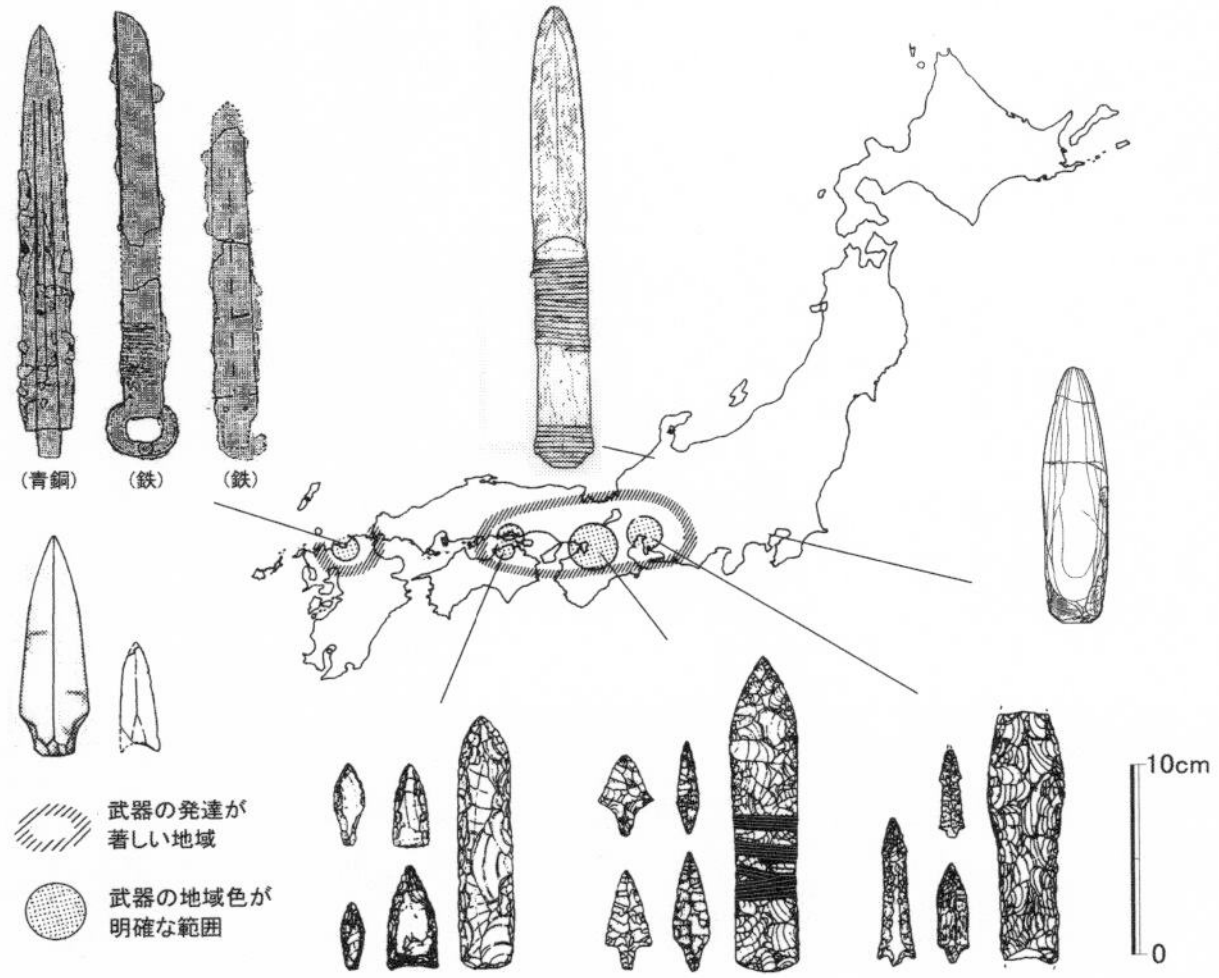

図31　日本列島各地の武器（各報告書より）

東方地域の弥生時代社会

さて、九州北部にクニができ、漢帝国の力を背景にした王が君臨していたころ、東方の瀬戸内や近畿などでも人口が増え、土地や水の資源をめぐって、農村どうしのあいだに緊張が生まれていたようです。九州北部にクニができた紀元前二〇〇年ごろから、瀬戸内・近畿・東海などの各地の農村が、対人用の武器を備えるようになります（図31）。九州北部では、石の武器は磨製で、青銅の剣や鉄の矢じりなどの金属製武器も使われていましたが、これら東の地域では、縄文時代以来の伝統を引く打製石器の技術で、石剣や、対人用とみられる大型の矢じりが作られました。

これらの打製の剣や矢じりは、地域ごとに独特な形に発達します。たとえば打製石鏃《せきぞく》の場合、岡山平野では二等辺三角形、大阪平野や奈良盆地では木葉形、濃尾平野では長い五角形に作られ、材料となる岩石の種類も異なります。重要なのは、それぞれの地域で発達した打製石鏃や打製石剣が出土するのはその地域内だけで、他の地域からは出土しないことです。たとえば、濃尾平野で作られた石鏃が大阪平野から出土することはありません。

このことは、岡山平野、大阪平野、濃尾平野などの地域を超えた戦い、ないしは地域どうしの戦いはこの頃にはまだなく、戦いとして発火するような緊張や対立は、もっぱら地域内の農村どうしのあいだで高まっていたことを示しています。これは九州北部でも同じです。

これら東の地方の農村のようすを、近畿の大阪平野を例にとってみてみましょう。よく調査が進んだ大阪府の和泉市と泉大津市にまたがる池上曽根《いけがみそね》遺跡をみると、自然の川を一部利用しながら、多いところでは四重の濠と土塁を巡らせ、守りを固め、武器を備え、威厳を整えていました。環濠内の中央部には、長辺に一一本、短辺に三本の柱をもった大型の建物のあとが出てきました。建物の前には広場があり、ここでさまざまな儀礼や会議が行われたと考えられます（図32）。このような、濠を巡らせた大きな農村が、近畿地方の大阪平野には

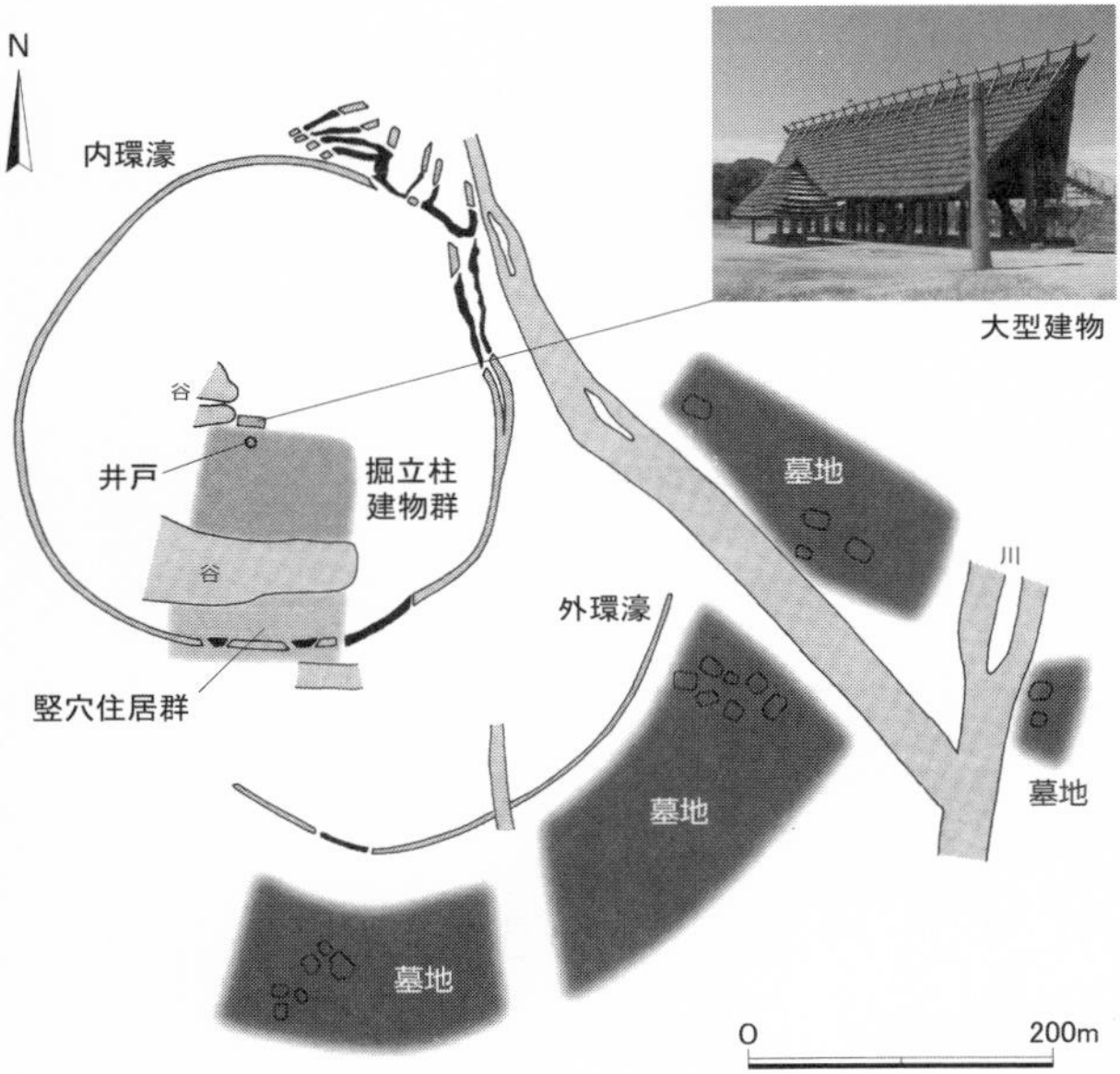

図 32　池上曽根遺跡
（大阪府立弥生文化博物館［2001］『平成 13 年度春季特別展 弥生都市は語る 環濠からのメッセージ』より、一部改変）

五〜一〇キロメートル間隔で並び立っていました。それらの規模や勢力はドングリの背比べで、九州北部のクニのような強大な勢力は、大阪平野を中心とする近畿、瀬戸内、東海などでは現れなかったようです。

王はいなかった近畿・瀬戸内・東海

クニができないということは、王も現れなかったということです。今のところ、紀元前までの段階において近畿地方最大の墓は、大阪市加美《かみ》遺跡のY-1号墳丘墓で、墳丘そのものの規模は九州北部の須玖岡本墳丘墓や三雲南小路墳丘墓にひけをとりません。しかし、その墳丘の中には一基や二基だけではなく、二〇基以上の埋葬があります（図33）。九州北部の甕棺に対して、近畿地方では木棺で、幼児や子供の埋葬もあります。さらに、それらの埋葬には副葬品がないものが多く、あっても玉や腕輪をわずかに入れる程度です。

このことから、加美Y-1号墳丘墓に葬られたのは有力な家族ではあろうけれど、その地位や財力は、他の家族との間に決定的な格差がなかったと考えられます。また、このような有力な家族の中から強力な王が出た形跡もなく、中国王朝とのつながりもほとんど認められません。

図33　加美Y-1号墓（報告書より、一部改変）

このように東の地域では、まだクニや王は生み出されず、クニとクニ、人と人との間にも大きな格差がなく、連合や合議でものごとが決まるような社会だったと考えられます。九州北部は強国が仕切る「王制」だったのに対し、東の地方は小さな「共和制」が並び立つ社会だったといえるかもしれません。

小さな「共和制」が並び立ち、中国からの文化もまだ直接には入ってこなかった東の地方の紀元前の土器を、近畿地方の出土品を例にして見てみましょう。九州北部の土器は文様もなく物理的機能を誇示していたのに対し、これら近畿地方の土器は、形こそ縄文時代に比べて簡素になっていますが、よく見ると細かい文様が刻まれています（図35、一四五頁）。ただし、単純な繰り返しの文様を土器の形に沿って水平方向に展開するのが主眼ですので、ただの「パターン」として脳はスルーしてしまいます。縄文土器の文様のように意味的処理を活発化させる要素はほとんどありません。心理的機能は弱まっているといえます。
それでも、これら近畿地方の土器の文様は、平野や水系ごとに違いがあり、あたかも紋章のように、そこに住む人びとの共同意識が託されているという点で、縄文の伝統をわずかに残したものでした。

秘境だった関東

さらに東へ目を移し、いまの日本の中心・首都圏のある関東のようすを見てみましょう。当時の関東の位置は、通常の地図をさかさまにすればよくわかります。大陸から通路のように伸びた朝鮮半島の対面に当たる九州北部が日本列島の玄関口で、そこから東のほうに向けて、水田稲作を軸とする新しい技術や思想が伝わっていったわけです。とくに、日本海に面する山陰や北陸は、その主要な経路となりました。そして、九州北部や近畿地方などでクニや大農村が現れた紀元前四〇〇年ごろ、おりからの温暖な気候のもと、水田稲作は東北地方北部の日本海側にあたる津軽半島にまで伝わりました。

ところが、日本海側からみると高い山の向こうで、大陸からの距離がもっとも遠かった関東には、水田稲作はなかなか伝わりません。縄文時代後期以降の寒冷化で人口は減ってしまい、九州北部に水田稲作が伝わって弥生時代になったあとも、人びとは採集と狩猟に頼って暮らしていたようです。墓も、白骨化させた骨を集めて壺に入れるなど、固有の風習も根強く残っており、中国の人からは、遠い海と高い山の向こうにある秘境のように、関東は想像されていたかもしれません。いまの位置づけとは大違いで、このあたりも歴史のおもしろさでしょう。

関東地方に水田稲作が伝わったのは、それが伝わらなかった北海道と沖縄を除くといちばん遅く、紀元前三〇〇年をすぎてからでした。小田原市中里《なかざと》遺跡などの大きな農村が現れますが、九州北部や近畿なみの密度で農村が広がるのは、紀元前一〇〇年代ごろをまたなければなりません。このころになると、千葉県北部の房総台地や、いま都内の武蔵野台地、横浜市の山の手の下末吉《しもすえよし》台地などの上に、濠をめぐらせた農村が現れます。

これらの農村の中でよく知られているのが、横浜市の大塚《おおつか》遺跡です（図34）。一九七〇年代に港北ニュータウンの開発の時に見つかった遺跡で、今は一部が保存されています。地形に沿ってカシューナッツ形に一重の環濠を巡らせ、内部には同時に十数棟の竪穴住居が建っていたようです。ただし、さきほど紹介した大阪平野の池上曽根遺跡などと違い、大きな建物や広場などの特別な施設もなく、同じような大きさの竪穴住居だけが散在するという、本当にただの農村です。このような農村が数キロメートルおきに並び、たがいの間に格差はありませんでした。墓は、近畿地方や九州北部のような大きな墳丘墓もなく、方形周溝墓とよばれる、周りに四角い溝をめぐらせた小さな墓がたくさん並び、これもたがいの間に格差はありません。関東の弥生時代は、人びとのあいだに貧富や地位の格差の少ない、田舎の農村社会だったのです。

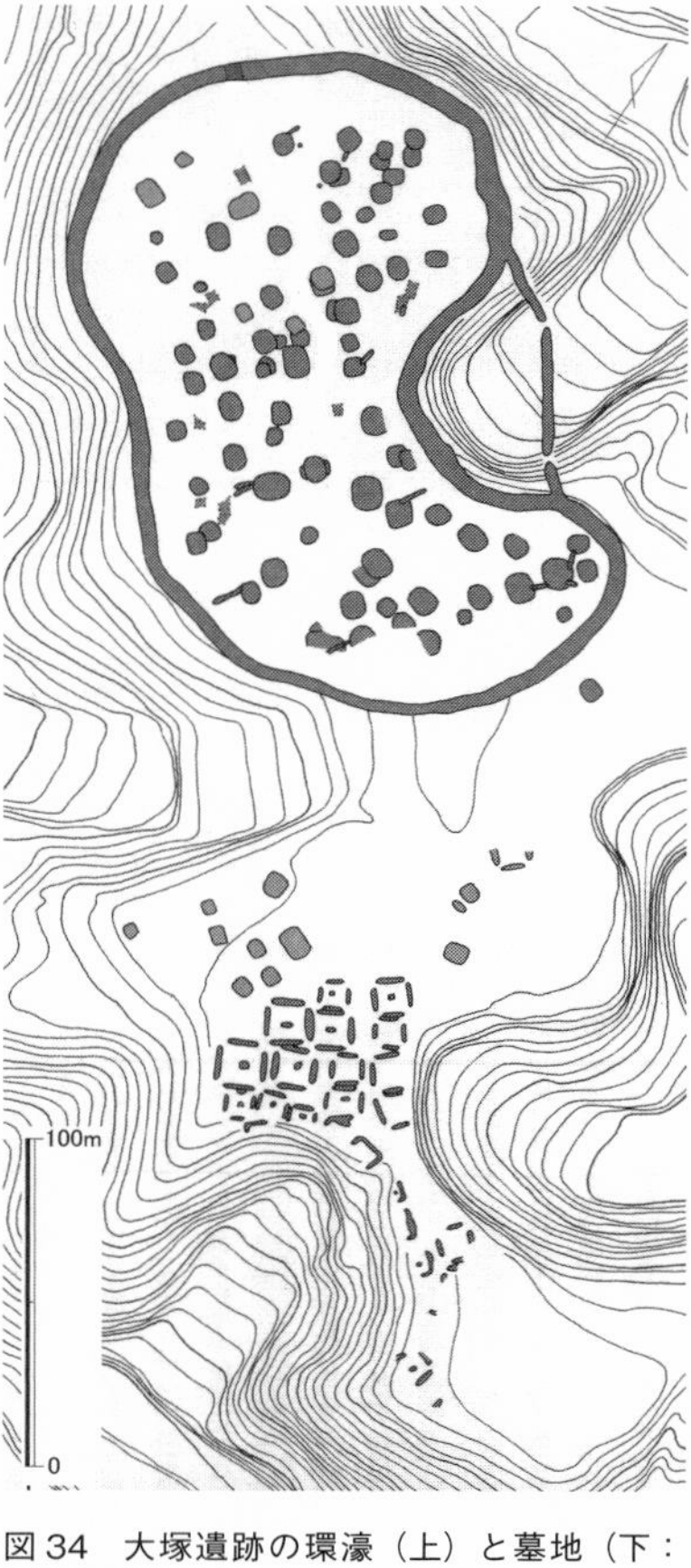

図 34　大塚遺跡の環濠（上）と墓地（下：歳勝土遺跡）

（大阪府立弥生文化博物館［2001］『平成 13 年度春季特別展 弥生都市は語る 環濠からのメッセージ』より、一部改変）

関東地方の土器も、近畿地方の土器のように、水平方向に走るパターン文様を主としています（図35、一四五頁）。ただし、縄目を転がしてつけた文様、すなわち縄文が多用されていて、文様をもつことだけではなく、その製作技法に縄文の伝統が受け継がれていることがわかります。

縄文がのこる東北

東北地方では、さきほども述べたように、関東よりもはるかに早く、紀元前四〇〇年ごろに水田稲作を始めた人びとがいました。青森県弘前市の砂沢《すなざわ》遺跡は、弥生時代では最北端の水田です。

しかし、水田を安定して続けていくには冷涼にすぎ、この砂沢遺跡の水田は、まもなく廃絶してしまいます。再び気温が低下して多雨傾向になる紀元前一〇〇年ごろ以降には、東北地方の北部に水田はみられません。この頃ようやく水田稲作が伝わった関東ではその後安定して水田が営まれるのに対し、東北地方の北部で水田が復活するのは、はるか後の時代になってからのことでした。

東北地方では、関東地方よりもさらに色濃く、縄文文化の伝統が残ります。最北の水田が見つかった砂沢遺跡からは、土偶が出土しています。この人びとは、水田稲作という最先端の食料生産技術に挑戦しながら、まだ土偶を用いた縄文風の儀礼をおこなっていたのです。

東北地方の弥生土器は、縄文による文様が上下に展開し、非対称・不連続で何やら意味ありげです。盛期の縄文土器に比べるとだいぶおとなしくなってはいますが、縄文文化の強い伝統を関東以上に強く残しています。この地方には、金属器などはもちろん及んでいませんでした。

列島の北と南

東北よりさらに北の北海道には、水田稲作は伝わりませんでした（現在の水田は一七世紀に始まったものです）。ただし、アムール川流域・沿海州（北海道の対岸）などの大陸、サハリンや千島列島などの島々、そして本州との盛んな交流の中で、交易を握って富と地位を高めた人びとが現れ、社会の階層化は、関東などよりもはるかに進んでいました。豪華なコハクの装飾品、黒曜石の石器、精緻な骨角器などをたくさん副葬した有力者の土壙墓《どこうぼ》（素掘りの墓）がたくさん発見されています。このような、弥生文化と併行する北海道の文化を続縄文文化といいます。

水田稲作が伝わらなかったもう一つの地域は、奄美・沖縄・先島などの諸島が連なる南の地域です。この地域では、サンゴ礁で魚貝をとる生活を軸とし、なかでも沖縄の人びとは、ゴホウラなどの大型の巻貝を、腕輪の材料として九州に輸出し、交換財（鉄器など）を得ていました。このような、弥生文化と併行する南の島々の文化を、貝塚文化とよんでいます。ただし、貝塚文化では、北海道の続縄文文化のような有力者の出現や格差の拡大は、あまり認められません。

このように、弥生時代以降、日本列島は、続縄文文化（北海道）、弥生文化（本州・四国・九州）、貝塚文化（南の島々）というように、北・中央・南でそれぞれ別の歴史過程を歩むことになったのです。

激動の紀元後へ

ここまで、弥生時代の日本列島各地で、農耕社会ができていくようすを見ました。水田稲作が早くから伝わり、大陸や朝鮮半島に近いために文明社会からの影響や刺激をじかに受けつづけた九州北部では、王をいただく階層社会が生まれました。その他の地域では、一人の王を立てるよりも集団の合議で物事を決めるような「共和制」的な社会が営まれたようすも

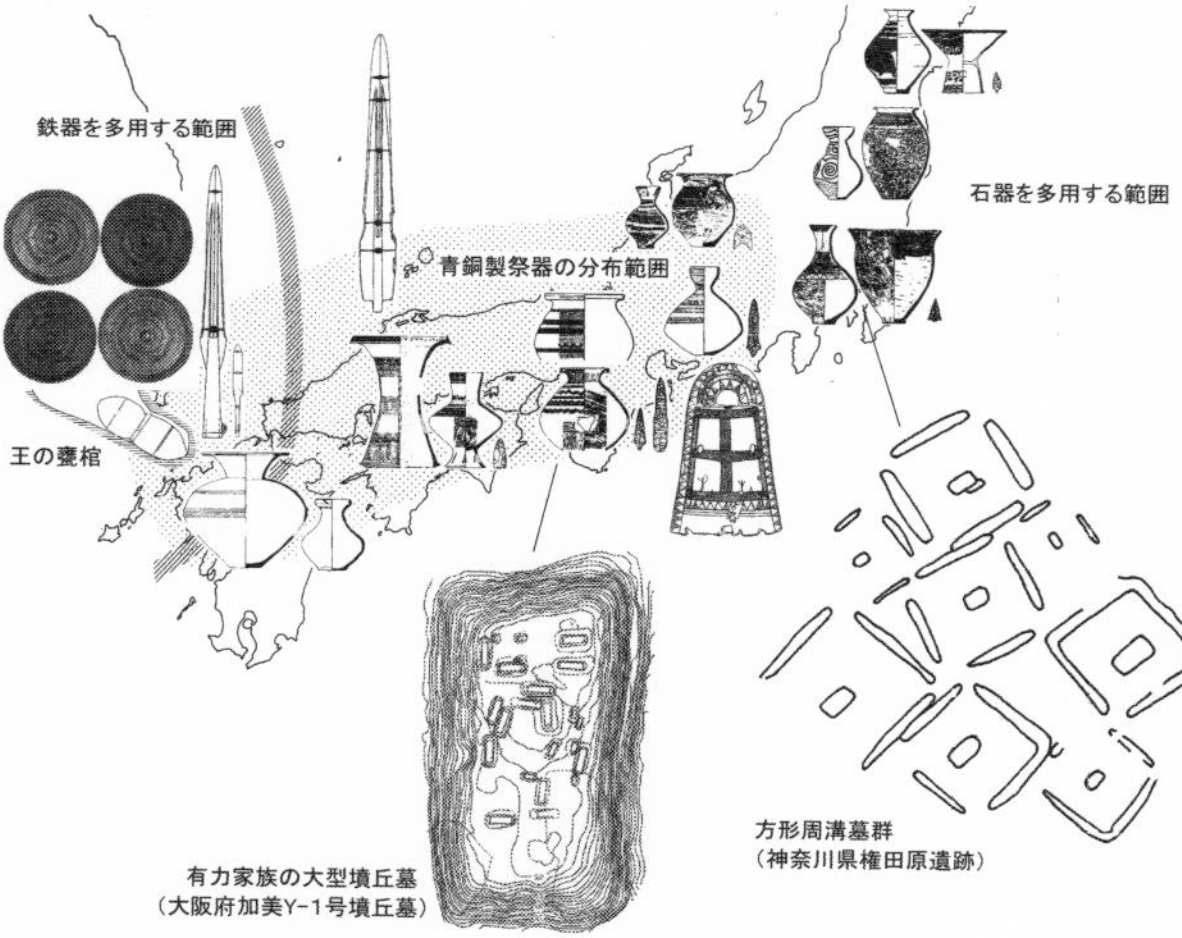

図35　社会と文化の多様性（紀元前1〜2世紀）（各報告書より）

見ました。九州よりも東の地方では、近畿、中部、関東、東北と、東や北の方に遠ざかるほど、土器の文様などに縄文の伝統が色濃く残ったことも説明しました。このように、紀元前までの段階では、日本列島の社会や文化は、地域ごとに多様でした（図35）。旧石器時代から現在までを通じて、地域の多様性がこれほど大きかった時代はありません。ところが、紀元後になるとこの多様性がいっきに小さくなり、広い範囲に同じような文化がひろがる古墳時代の社会へと、急速に変化していきます。

紀元後に入ってしばらくした西暦五七年、九州北部の王の一人が、中国の後漢王朝に遣いを送り、光武帝《こうぶてい》から金印をもらいました。そのことは中国の歴史書『後漢書』に記されています。この時に王がもらったと考えられる金印が、福岡県の志賀島から、江戸時代に偶然出土しました。耕作中の農民が発見したといいます。中国史書に記された小さな金印が偶然出土する確率など天文学的ですから、その出土の状況ともあいまって、この金印には偽物説が古くからあるのですが、材質の分析、印の形や字体の検討などからは、とても後世の贋作と考えられないということです。

金印の字は「漢の委（倭）の奴国王」（漢の皇帝の傘下に入った倭の「奴国《なこく》」の王）と読めます。「奴国」は現在の福岡市や春日市を中心とする地域と考えられますので、これをもらった王は、おそらく、紀元前に須玖岡本墳丘墓の一〇号甕棺に葬られた王の、二、三代のちの後継者でしょう。しかし、その墓は見つかっていません。そもそも、この頃から、九州北部では、有力な王の墓がみられなくなります。ただし、村そのものはますます栄えていることから、社会が衰退したのではなく、「王制」から「共和制」へと変質（逆戻り）したのではないかとみる考えがあります。

新勢力の台頭

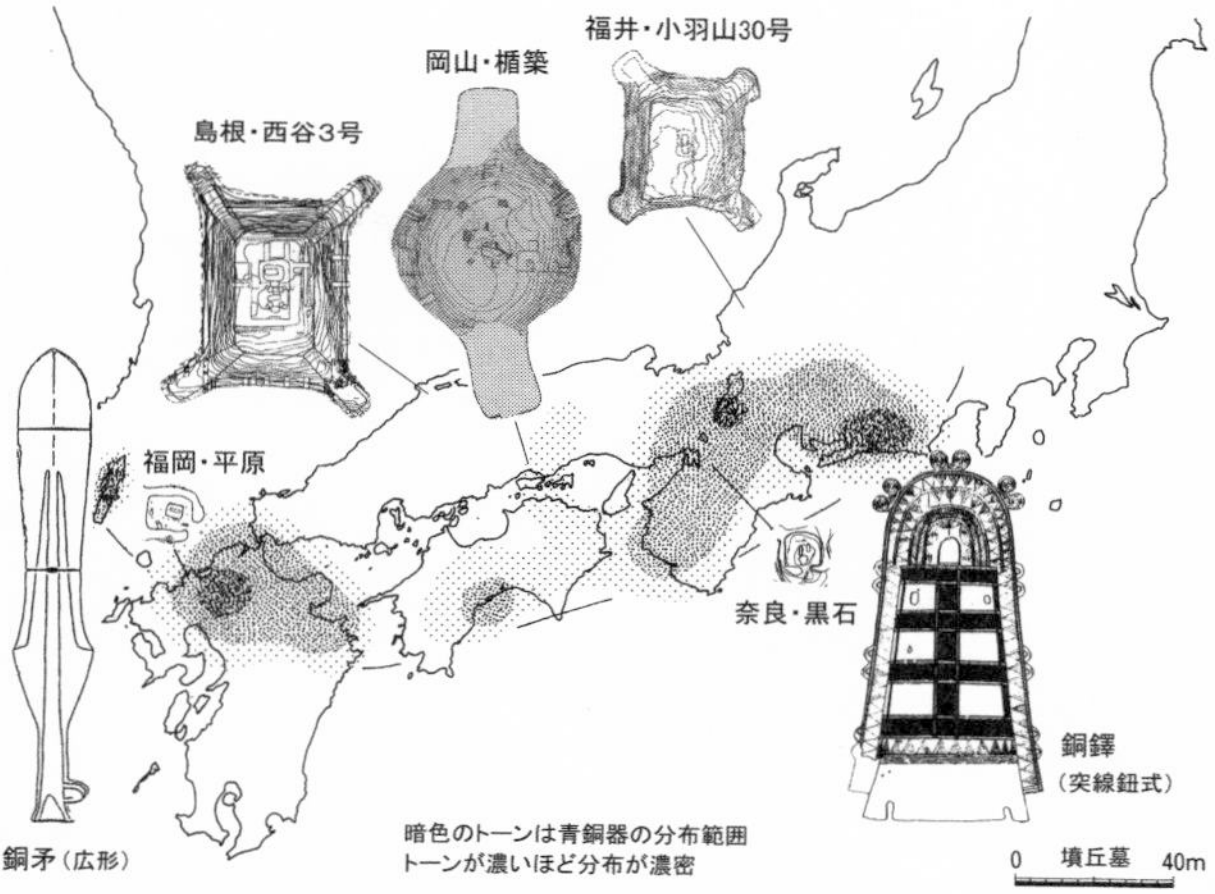

図36　2世紀の日本列島（各報告書より）

それに代わり、紀元後二世紀に入る頃から王をいただく社会を新たに打ち立てつつあった地域があります。日本海沿岸の山陰から北陸にかけてと、瀬戸内海沿岸の一部です。この地域では、それまでの青銅器のまつりをやめて、王を中心とする有力な人びとの墓を盛大に築き、その権威によって社会をまとめていく動きが盛んになります（図36）。

王や有力者の大きな墓（墳丘墓）を発達させる地域のうち、中心となったのは、山陰の出雲（今の島根県東部）と、瀬戸内の吉備（今の岡山県と広島県東部）です。出雲と吉備ではそれぞれ特徴をもった墳丘墓が発達しました。出雲の墳丘墓は、四角い本体（ここに王たちの埋葬があります）の四隅が飛び出した不思議な形をしていて、「四隅《よすみ》突出型墳丘墓」とよばれています。そのうち最大の島根県出雲市西谷《にしだに》三号墓は、飛び出しを除いた本体の大きさが四〇×三〇メートルあります。四隅突出型墳丘墓は、因幡（鳥取県東部）や越前～越中（福井県・石川県・富山県）など、日本海に沿って分布しています。中国山地の山間部の備後北部（広島県北東部）にもあります。

いっぽう、吉備の墳丘墓のうちもっとも大きい楯築《たてつき》墳丘墓は、円形の本体（ここに王たちの埋葬があります）の、相対する二方向に飛び出しが付いた形をしており、飛び出しを含めた全長は八〇メートルもあります。吉備の他の墳丘墓は、円形・楕円形・方形などさまざまな形をしていて、出雲を中心とする日本海側のように、墳丘の形についての決まりはなかったようです。その代わり、埋葬の上に立てる葬儀用の土器の形が、吉備の墳丘墓ではきっちり決まっていました。「特殊器台《とくしゆきだい》」という、複雑な文様を刻んだ円筒形の筒抜けの土器の上に、同じ文様のある「特殊壺」（中には酒が入っていた？）を載せて、王を葬って埋めた上に立てています。

出雲でもっとも大きな墳丘墓である西谷三号と、吉備最大の規模を誇る楯築とは、一九七〇～八〇年代に、島根大学と岡山大学とによって、それぞれ発掘調査が行われていて、王が眠る埋葬施設のようすもよくわかっています。埋葬施設は、紀元前の九州北部の王の墓が地元の伝統に根ざした甕棺だったのに対し、西谷三号と楯築とはともに、中国の王侯貴族を葬る様式である「木槨《もっかく》」とよばれるものでした。中国の影響を受けた王墓だったのです。

西谷三号も楯築も、木棺の底に、水銀からとった「朱」という赤い顔料を敷き詰めています。この上に横たえた遺体に添えて、鉄剣や豪華な玉類を副葬していました。楯築から出た緑色のヒスイ製勾玉《まがたま》と飴色のメノウ製の棗玉《なつめだま》（太短くて中央が膨らんだ管玉の一種）、西谷三号の紺色ガラス製の異形勾玉は、いずれも弥生時代のアクセサリーを代表する逸品です。紀元後一世紀の後半に九州北部から王の姿が消え、紀元後三世紀に大和に強力な王が現れるちょうどその中間の二世紀に、出雲や吉備に王たちが現れ、中国との交渉も背景にして、一時的に倭の代表権を握るような段階があったのだと考えられます。

寒冷化と交易が生み出す権力

以上にみてきたように、紀元後に入ると、日本列島の各地で新しい動きが起こり、出雲や吉備を中心とした政治勢力が台頭してきます。王の墓を盛大に築いてまつりをすることによって人びとをまとめていくという、新しい「王制」の姿です。

紀元後になってこのような社会の変化が始まった理由は、二つ考えられます。第一は、気候の変動です。近年、過去の気候の変化を細かく復元する技術（高精度古気候復元）の一つとして、樹木年輪中の酸素同位体の比率の変化から、春～夏の大気中の水分量、すなわち温暖・少雨だったか冷涼・多雨だったかを一年ごとに復元する方法が、名古屋大学の中塚武さんの主導で実用化されました。その成果によると、紀元前一世紀に、温暖・少雨傾向から湿潤・多雨傾向へと、きわめて大きな気候変動があったことが判明しました。これが、日本列島においては、水田稲作に大きな影響を与えたと考えられます。具体的には、日照不足による連年の不作、降水量の増加による水田の埋没、新たな水田や灌漑の開発の必要などが矢継ぎ早に生じ、社会は大きな混乱に陥ったようです。それを乗り切るために、有能なリーダーの力が必要とされ、危機をうまく克服した「勝ち組」の村やクニはますます優勢になってリーダーは権威を高め、王としての地位を築いていったでしょう。

第二の理由は、紀元後になると、九州北部より東の地方にも鉄器が行きわたり始めたことです。鉄器の材料となる鉄素材は、弥生時代のあいだはまだ日本列島で作り出すことができず、朝鮮半島からの輸入に頼っていました。つまり、日本列島の各地の社会は、朝鮮半島につながる遠距離の交易ネットワークに参加しないと立ち行かないわけですが、このネットワークが九州北部だけでなく東の地方も覆うようになって、利害をめぐる競争が広域化したのです。

倭国乱れる

このように、紀元後、気候の変動と鉄器の普及によって、日本列島各地の社会に大きな変動が起こり、それを梃子にして、クニグニの支配が強まっていきました。

紀元後二世紀の中ごろには、これらのクニグニは二つのブロック（陣営）に分かれていたようです。一つは、大きな墓に葬られる王はなく、古くからの青銅器（銅矛・銅鐸）のまつりを盛大に行う「共和制」的なクニグニです。銅矛を奉じる九州北部と、銅鐸をまつる近畿・東海には、このような「共和制」的なクニグニが栄えていたと考えられます。これに対し、いまくわしくお話ししたように、出雲を中心とした山陰と北陸、および吉備を中心とした瀬戸内では、青銅器のまつりを廃止し、大きな墓に葬られる王を頂点とした「王制」的なクニグニが林立していました。この二つのブロックの間には、遠距離交易をめぐる競争関係や、宗教的な対立が生じ、日本列島の広い範囲で社会の緊張が高まっていたと考えられます。

この頃の日本列島のようすが、中国の歴史書に記されています。『三国志』魏書・東夷伝・倭人条（通称「魏志倭人伝」）には、「その国（倭＝のちの日本）はもともと男性が王であったが、それから七〇～八〇年たったころには、何年ものあいだ乱れて互いに攻め合った」とあります。同じ内容を、ややくわしく記しているのが『後漢書』東夷伝・倭条で、「桓帝《かんてい》と霊帝《れいてい》の治世期間に、倭国は大きく乱れ、互いに攻め合い、統一的な支配者はいなかった」とあります。桓帝と霊帝は、当時の中国を統治していた後漢の皇帝で、二人を合わせた統治期間は西暦一四六～一八九年です。

つまり、当時の中国人に「倭国乱」とよばれたほどの混乱期が、日本列島の二世紀の後半にあったわけです。さきほどみた二つのブロック間の対立がうかがえるのが二世紀中ごろのことなので、この対立が引き金となって、「倭国乱」は生じたことになります。

乱の直前かその初期のものとみられる鳥取県鳥取市青谷《あおや》上寺地《かみじち》遺跡の例では、一〇〇体以上の人骨が沼地に捨てられ、その多くに武器による傷が付いたり、武器が刺さったりしていました。大規模な襲撃や略奪のようなことが行われていた証拠です。

乱後の倭国

「倭国乱」が、具体的にどのようなプロセスで進行したのか、考古学からは、まだよくわか

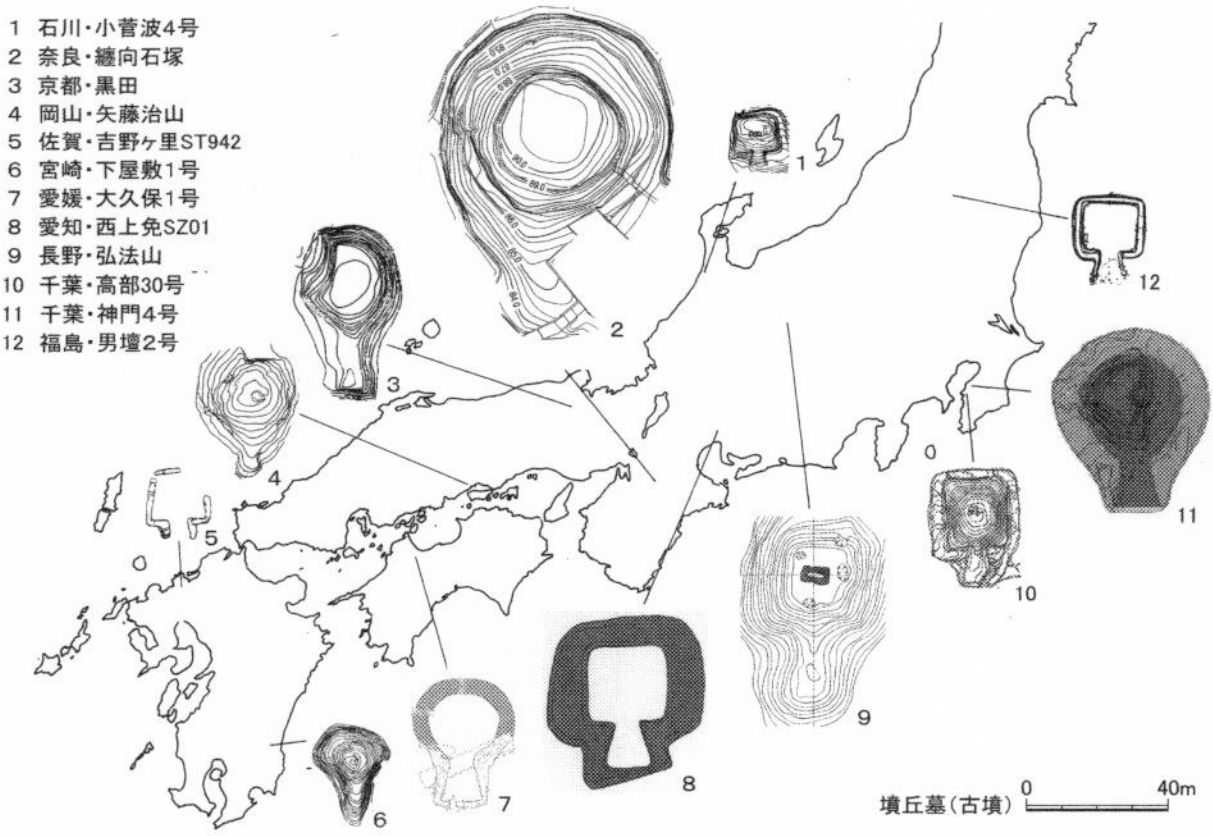

図37　3世紀の日本列島（各報告書より）

っていません。しかし、三世紀前半の日本列島は、乱の前にみられた二つのブロックの対立が解消され、あたかも一つの大きなブロックに統合されたかのような状況が認められるようになります。具体的にいうと、青銅器のまつりを盛んに行っていた九州北部や近畿・東海からも青銅器がなくなる代わりに、王の墓を大きく築くことが始まっているのです(図37)。つまり、「王制」というべき社会のしくみが、「倭国乱」を境にして、日本列島の広い範囲に拡大したということです。

大きな変化は、もう一つあります。乱の前には、王の墓を大きく築く「王制」の中心は、山陰の出雲と瀬戸内の吉備だったのに対し、乱後の三世紀前半には、もっとも大きな王の墓は近畿の大和に現れていて、大和が「王制」をとるクニグニの中心に立ったことです。出雲と吉備は、乱の前には「王制」という新しいしくみをいち早く作り出し、それをリードする立場の強国だったのに対し、乱後にはその地位を大和に奪われたというわけです。その理由や経緯はさまざまに考えられていますが、出雲については、朝鮮半島や中国につながる遠距離交易の主ルートが日本海から瀬戸内海へとシフトすることによって経済力を弱めたという説があります。反対に、瀬戸内海の要地を占める吉備は、その交易ルートを媒介にして大和に取り込まれたのかもしれません。いずれにしても、もともと広く安定した平地があって生産力が高く、東西南北の水路や陸路の交点として交易の富も集まった大和が、新しい権力の中枢に、なるべくしてなっていったのでしょう。

このようにみてくると、「倭国乱」は、二つの点で、日本列島の社会を大きく変える画期だったことがわかります。第一は、〈日本列島の広い範囲に「王制」のクニグニが拡がったこと〉。第二は、〈「王制」のクニグニの中心に大和が立ったこと〉です。こうして、大和王権が姿を現してくるのです。

前方後円墳の成立

王たちが葬られた墓を、あらためてくわしくみてみましょう。王が埋葬された本体部分の形は、円形と方形の二種類がありますが、いずれも突出は一つだけです。二世紀の有力な王の墓には四つや二つという複数の突出があったのに、「倭国乱」のあとの三世紀前半には、突出の数は一つにしぼられるのです。この突出は低く平らで、先端からゆるやかな角度で墳丘本体の頂上にいたる通路の役割をもっています。墳丘の斜面には石が貼られ（葺石《ふきいし》）、大きいものは墳丘の本体部分が二段に築かれています（段築《だんちく》）。このような王の墓が大和に築かれ、それをまねた小さなものが、九州から東北南部までの各地に現れます。

大きな動きが出てくるのは、三世紀の中ごろです。それまでの王たちの墓は、最大のものでも墳丘の長さが一〇〇メートル前後でした。ところが、西暦二五〇年を前後する頃、奈良盆地の東南部に、墳丘の長さ二八〇メートルという飛躍的な規模をもった王の墓が築かれます。箸墓《はしはか》です（図38）。なお、西暦二五〇年前後というこの年代は、第一章で説明した「放射性炭素法」による測定結果によります。

箸墓は、規模以外の点でも、それまでの王の墓と違っています。第一は、それまでは低く平らだった突出が、高く立体的に造られるようになり、外から墳丘上への通路としての機能は完全になくなっています。このような姿になった突出を「前方部」とよんでいます。第二

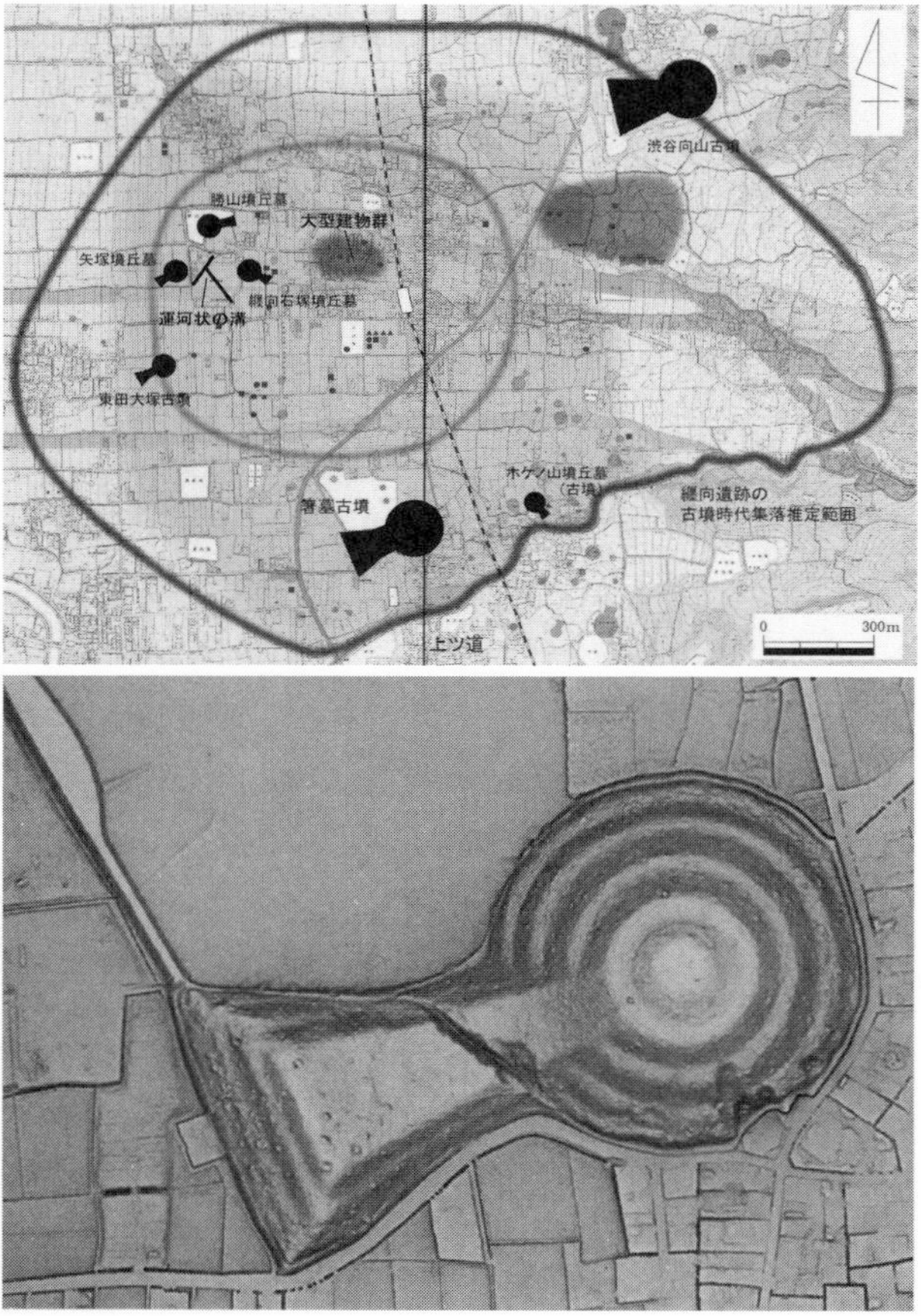

図 38　纒向遺跡と箸墓古墳
（上は桜井市埋蔵文化センター、下は奈良県立橿原考古学研究所提供）

は、それまでは最大で二段だった段築の数が、三段以上と増え、墳丘全体が高く整然とした立体形になります。このように、規模が飛躍的に拡大し、突出が「前方部」となり、段築を増やして複雑かつ整然とした立体形になった王の墓を「古墳」とよびます。箸墓は、最初の古墳です。

古墳は、それまでの王の墓の上位に、さらに圧倒的な差をもって築かれた「王の中の王」の墓として現れました。つまり、それまではあまり力の差がなかった各地の王の上位に一人の強力な王が立てられた状況が、箸墓古墳の出現の背景として考えられています。このことから、箸墓古墳の主は、「王の中の王」となった最初の人物で、西暦二五〇年頃に死去して葬られたと推測されます。

卑弥呼のいたところ

このことについても、中国の歴史書に興味深いことが記されています。さきに示した『三国志』魏書・東夷伝・倭人条（通称「魏志倭人伝」）と、『後漢書』東夷伝・倭条の続きを読んでみましょう。『三国志』のほうには、先にみた「倭国乱」の記述の直後に、「（互いに攻め合って何年もたったので）、みんなで一人の女性を立てて王とし、「卑弥呼」と名づけた」

とあります。『後漢書』にも、「倭国は大きく乱れ、互いに攻め合い、統一的な支配者はいなかった」という記述の直後に、「一人の女性がいて、「卑弥呼」と呼ばれた。年をとっても嫁がないで、神に仕え、人の心をつかむ能力があった。そのためにみんなが王に立てた」とあります。

このことは、いまみた箸墓古墳の出現の背景を連想させます。箸墓古墳は、「王の中の王」の墓として、それまでの王たちの墓をはるかにしのぐスケールで築かれたものでした。このことは、対立して決着がつかない有力者たちの上位に、それをはるかにしのぐ地位の王として卑弥呼が共立されたという上の記述と符合するように思えます。卑弥呼の死去が、『三国志』のずっと後の記事をもとに、箸墓の築造年代に近い西暦二五〇年前後と考えられること、箸墓古墳が女性の墓だという伝承が『日本書紀』に伝えられていることから、箸墓古墳を卑弥呼の墓とみる説もあります。

箸墓が築かれたのは、奈良盆地の南東部、現在の行政名でいえば奈良県桜井市に当たります。この付近には、二世紀の後半からたくさんの人が集まって住み始め、三世紀の前半には日本列島有数の大集落になりました。纏向《まきむく》遺跡です。南北約一・五キロメートル以上、東西約一キロメートルもの広大な集落です。

三世紀前半には、まだ「古墳」になる前の、低く平らなスロープ状の突出をもった王の墓が、集落の一角に現れます。集落域の北西隅あたりに集まっている勝山・石塚・矢塚や、東南隅のホケノ山などです。そして三世紀の中ごろには、右に説明してきた箸墓古墳が、圧倒的なスケールをもって集落域の南端に現れます。このころ、集落の中央からやや北寄りの場所に、大型の建物群が軸をそろえて立てられます。集落を支配していた王の居館とも考えられています。

都市が結ぶ新たな社会

纒向遺跡からは、たくさんの土器が出土していますが、もっとも注目されるのは、そのうちの一〇～一五パーセントが、奈良盆地以外の地方から運んできたか、あるいは、その地方から来た人が奈良盆地で作った土器だということです。この時代の土器の形は、地方ごとにまだはっきりとした違いがあります。それを手掛かりに、東海・北陸のほか山陰・吉備・四国（讃岐・阿波）などの各地から人々が大和の纒向遺跡にやってきて、少なくともその一部はそのままそこで暮らすようになっていたことがわかりました。纒向遺跡は、このように、遠くのさまざまな地域から人々が集まってきて住みつくような、今日の「都市」に似た場所であったことがわかります。

三世紀前半の段階では、纏向のほか、九州北部の福岡県福岡市にある比恵《ひえ》・那珂《なか》遺跡が「都市」の性格をもった大集落でした。比恵・那珂遺跡も、福岡市教育委員会の久住猛雄《くすみたけお》さんの研究によって、くわしい状況が明らかになっています（図39）。集落の中央を、メインストリートともいうべき街路が走り、南の方では、それに沿って有力者たちの墓が並びます。もっとも大きな那珂八幡古墳は、三世紀前半にこの集落を支配した王の墓とみられ、円形の本体に低く平らな突出がついています。集落の北の方には、溝を方形に巡らせた、王の居館とみられる施設が発見されています。その北には倉庫群があり、運河に面しています。

「都市」の性格をもった三世紀前半の大集落は、纏向遺跡や比恵・那珂遺跡ほどの規模にはならないにしても、日本列島の各地で発見されています。東日本で最大の規模をほこる「都市」は、今の千葉県市原市付近にありました。国分寺台《こくぶんじだい》遺跡群です。低地（当時は海が迫っていた）に臨む丘陵の上にたくさんの住居が営まれ、その真ん中には、ここを支配していた王の墓が三代にわたって築かれました（神門《ごうど》古墳群）。もっとも古い五号墳は、スロープ状の低く平らな突出をもっていましたが、次の四号墳になると突出はやや拡大し、いちばん新しい三号墳では大型化して高くなります。三号墳は大和の箸墓古墳と同じ三世紀の中ごろに築

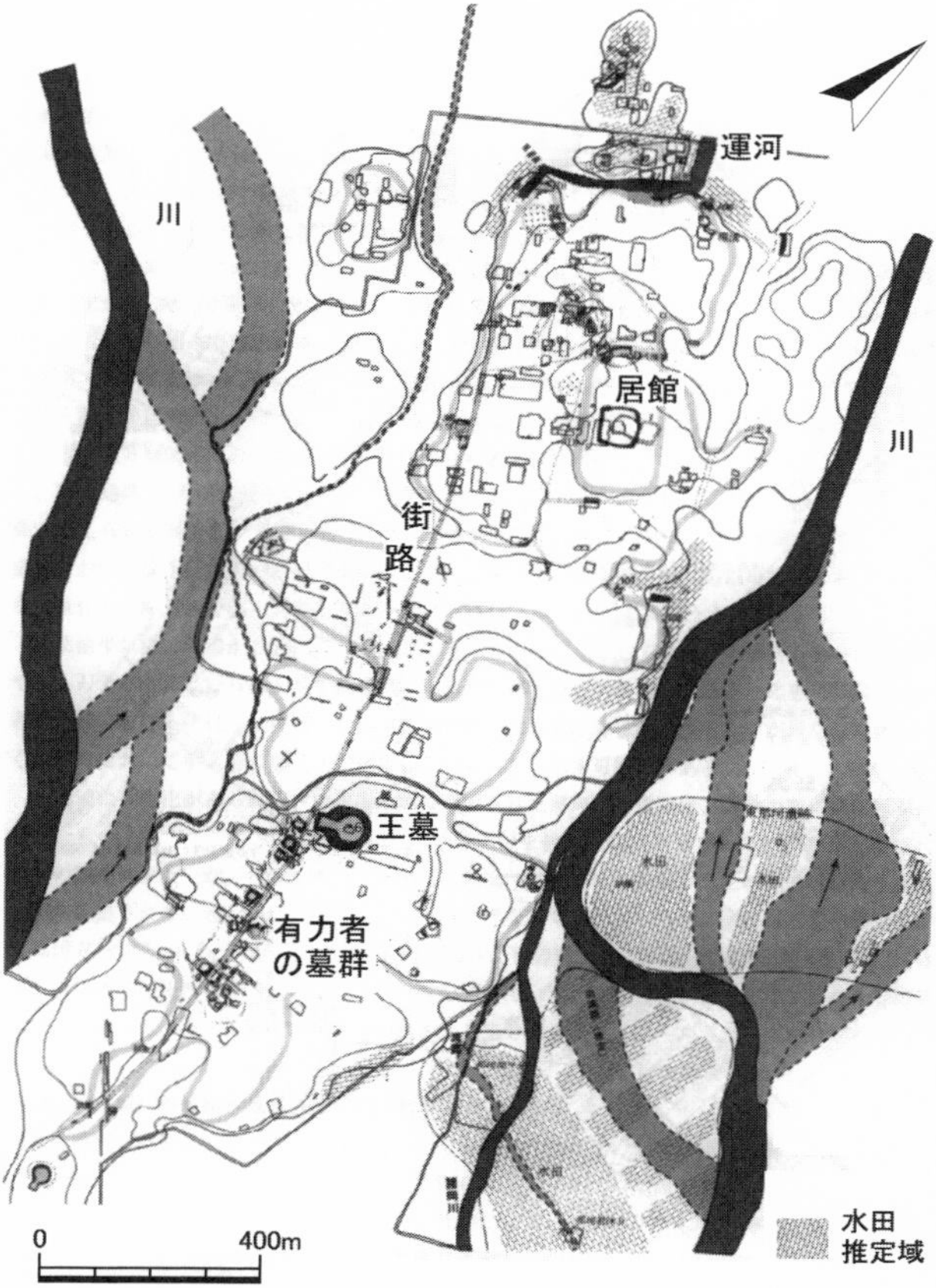

図 39　比恵那珂遺跡（久住猛雄［2008］「福岡平野比恵・那珂遺跡群――列島における最古の「都市」」松木武彦・藤尾慎一郎・設楽博己編『弥生時代の考古学 8　集落からよむ弥生社会』同成社）

かれたと考えられます。近年、その北側の「中台遺跡《なかで》」に、王の居館と考えられる遺構が見つかっていたことが、市原市埋蔵文化財センターの大村直《おおむらすなお》さんの再検討によって明らかになりました。

国分寺台遺跡群からはたくさんの住居址が発見されています。大村さんによると、その中には、他の地域からやってきてここに住み着いた人びとの住居があります。「長平台遺跡《ちようべいだい》」の一〇号竪穴住居址は、円錐台状の台がついた甕などの東海の土器が出土し、住居の間取り（一隅に貯蔵用の穴蔵を設ける）も東海と同じです。東海の家族が故郷をあとにはるばる千葉にやってきて、栄えていた国分寺台の集落で暮らし始めたことの証拠です。また、「南中出《みなみなかで》遺跡」のＳＫ一三住居址は、ほぼすべての土器が北陸系で、北陸から移住した家族が住んでいたと考えられます。

このように、古墳時代が始まるころの日本列島は、私たちの想像をはるかに超えて、遠距離交易のルートに沿ってダイナミックに人びとが移動する社会でした。この移動に乗って、前方後円墳を主とする古墳が各地に波及し、大和を中心とする各地の王たちの連合ができ上がっていったのです。

第五章　古墳は他の墓とどこが違うのか――比較考古学でみる古墳時代

比較考古学とは何か

前章では、弥生時代の社会に「戦争」という文化が宿り、それがときにはむき出しの武力となったり、あるいはその先頭に立つ王の権威を増したりして、社会のまとまりを作っていったようすをみました。とくに、二世紀後半の「倭国乱」は、弥生時代の社会が古墳時代の新しい社会へと脱皮するための、一種の混乱期でした。この「倭国乱」を境に、日本列島の広い範囲に王を中心とする新しい社会（クニグニ）が拡がり、そのうちの大和（現在の奈良県）のクニがもっとも強い勢力をもって、他のクニグニに対して優位に立ちました。この体制が大和王権、すなわち今の日本国につながっていく列島最初の中央政権です。そして、この政権を支える重要な営みが、古墳の築造でした。

古墳のような、ひと目で人の心をつかむことによって社会をまとめるメディアとして働く巨大な建造物を、考古学では「モニュメント」とよんでいます。モニュメントによって人びとのきずなや王の偉さを演出することで社会がまとまっている段階が、地球上の多くの地域にみられます。ストーンヘンジを営んだブリテン島の新石器時代〜青銅器時代、ピラミッドを築いたエジプト古王朝、巨大な皇帝陵をもった中国の秦・漢帝国などの社会がそうですが、古墳時代もまたその典型的な一つです。

なかでも列島最大の規模をほこる大阪府の大仙陵《だいせんりょう》古墳（「仁徳《にんとく》天皇陵」）は、本体の長さが五二五メートル、高さ四〇メートルもあり、三重の濠に囲まれています。これを筆頭に、日本列島には巨大な古墳がたくさん造られました。本体の長さが二〇〇メートルを超えるものだけでも三六基ほどを数えます。なぜ、それほど広くもない日本列島に、これほどの巨大モニュメントがたくさん築かれたのでしょうか。

その答えこそが、古墳時代の社会の特質を示すものですが、日本列島の歴史だけを追いかけていたのではわかりません。世界のほかの地域の巨大モニュメントと比べてみることによって、初めてその答えに近づくことができます。このようなねらいと方法をもった考古学を「比較考古学」といいます。

世界のなかの古墳

古墳を「巨大モニュメント」というと、「ただの木の生えた山じゃないか」などと疑う人がいるかもしれません。しかし、建造された当時は、表面に石を葺いて段や稜線を際立たせ、何百本から何万本もの埴輪を並べた、巨大な人工の土木構築物でした。このようなものが緑の原野の中にこつ然と現れたさまを目のあたりにした当時の人は、身も心も圧倒されたことでしょう。古墳時代には、こんなものが、北は岩手や山形から南は鹿児島まで林立したのですから、まさに謎のワンダーランドです。

さて、これまで、日本列島の巨大古墳としばしば比較されてきたのは、エジプトのピラミッド（中でも最も高いクフ王のピラミッド）と、中国の秦の始皇帝陵です。この二つと、大仙陵古墳とが、「世界三大墳墓」などと呼ばれてきました。現在では、これらに匹敵する大きさをもった古代建造物として、チョルーラのピラミッド（メキシコ）、ビンテペの大墳墓（トルコ）、シカンのラルガのピラミッド（ペルー）などが知られていますが、墳墓に限れば、大仙陵古墳は、世界の五位までには確実に入る規模です（表1）。

ピラミッドや始皇帝陵にまつられたのは、いずれも古代帝国の専制君主で、莫大な財力と権力と軍事力をもって広域を支配し、神格化された人物だったことが、文字の記録からも明らかです。では、それらと同等の規模を持った大仙陵古墳に葬られた人物も、そんな強大な帝国の専制君主だったのでしょうか。また、当時の列島に、そのような広域の大帝国は存在していたのでしょうか。

大仙陵古墳が築かれた頃の日本列島には、同時代の信頼できる文字記録がありません。『古事記』や『日本書紀』の記述には、寿命が一〇〇歳を超える天皇が続出するなど、真実を読み取るのは至難のわざです。しかし、それらを使って当時の「天皇」の力を最大限に評価したとしても、クフ王や始皇帝のような専制君主としての姿は想定できないのです。したがって、大仙陵を筆頭とする列島の巨大古墳は、クフ王や始皇帝のような専制君主がその力を見せつけ、神格化され、人々をひれ伏させるために築いたようなものではないようです。

古墳が来た道

ではなぜ、日本列島の古墳は、「世界三大墳墓」の一角を占めるほどに巨大化したのでしょうか。それを明らかにするために、まず、日本列島の古墳が、どのような歴史(世界史)の筋道の上に現れたかを、比較検討してみましょう。

人類初の巨大モニュメントといえるのは、さきほどから触れているエジプト古王朝のピラミッドです。紀元前二六~二七世紀(日本列島では、縄文時代に当たります)に築かれました。しかしまもなく小型化し、その後も細々とは続きましたが、アフリカ大陸を超えてユーラシ

モニュメント名	国名	文化名・王朝名ほか	平面形状	平面規模	高さ	造営年代
始皇帝陵	中国	秦	方	一辺 515	76	BC 3 世紀
ダンタのピラミッド	グアテマラ	マヤ文化	方	620×314	72	BC 2〜AD2 世紀
チョルーラのピラミッド	メキシコ		方	一辺約 400	55＋	BC 8-3 世紀
クフ王のピラミッド	エジプト	エジプト古王朝	方	一辺 230	146	BC 26 世紀
ビンテペの大墳墓	トルコ	リディア王国	円	径 355	60	BC 7 世紀
ラルガのピラミッド	ペルー	シカン文化	方	700×280	30	AD 11-12 世紀
大仙陵古墳（仁徳天皇陵）	日本	古墳文化	円＋方	長さ 530×幅 350	40	AD 5 世紀
ワカ・デル・ソル神殿	ペルー	モチェ文化	方＋方	345×160	30	AD 2-6 世紀
ゴルディオン MM	トルコ	フリュギア王国	円	径 300	50	BC 8 世紀
太陽のピラミッド	メキシコ	テオティワカン文化	方	225×222	65	AD 3-4 世紀
茂陵（武帝墓）	中国	前漢	方	234×231	46.5	BC 1 世紀
マンクス・マウンド（カホキア）	アメリカ	ミシシッピ文化	方	316×241	30.5	AD 12-13 世紀
クルク・オバ	カザフスタン	サウロマタイ文化〜サマルタイ文化	円	径 160＋	22＋	BC 7-4 世紀
恭陵（安帝墓）	中国	後漢	円	径 140-160	20	AD 3 世紀
ラ・ベンタ建造物 C-1	メキシコ	オルメカ文化	方	128×114	34	BC 5-8 世紀
サルブク大古墳	ロシア	タガール文化	円	径 125	25〜30	BC 5-4 世紀
クイクイルコのピラミッド	メキシコ		円	径 110	25	BC 2 世紀
皇南大塚	韓国	新羅	円＋円	長さ 120×幅 80	25	AD 5 世紀
献陵（高祖墓）	中国	唐	方	138×117	21	AD 7 世紀
永固陵（胡太后墓）	中国	北魏	円	124×117	23	AD 5 世紀
ヴェルギナの王墓	北マケドニア	マケドニア王国	円	110×110	20	BC 4 世紀
ベスシャトゥル大塚	カザフスタン		円	径 104	20	BC 7-6 世紀
エル・グラン・グアチ	メキシコ	テウチトラン文化	円	125×125	15＋	AD 3-4 世紀
モンテ・アルバン南基壇	メキシコ	サポテカ文化	方	100×100	15	AD 3-5 世紀
アルジャン 1 号墳	ロシア	スキタイ文化	円	径 110	3〜4	BC 9 世紀末-8 世紀初
（参考）シルベリー・ヒル	イギリス	新石器文化	円	径 167	39.3	BC 24 世紀

表 1　世界の巨大モニュメント

＊同じ文化・王朝に属する第 2 位以下の規模のもの（例：誉田御廟山古墳）は載せていない

ア大陸にその影響が伝わることはありませんでした。

ユーラシア大陸では、地面に木材などで墓室を作って有力者を葬り、その上に高く大きく土を盛り上げた墓が、紀元前三〇〇〇年代の中央ユーラシアに現れました。そして、紀元前の数百年間で急速に大型化しながら、西はヨーロッパへ、東はモンゴルや南シベリアへと拡がりました。中国でも、紀元前五世紀の戦国時代から、土を盛り上げた同じ系統の墓が発達し始めました。その到達点として、秦の始皇帝陵が現れます。

紀元後になると、地球規模の寒冷化によるグローバルな環境変動のあおりを受けて、中国では始皇帝の秦を継いだ漢、ヨーロッパではローマといった強大な帝国が衰退し、やがて滅んでいきます。漢の歴代皇帝も、秦の始皇帝陵を手本とした大きな墳墓を築きましたが、漢の滅亡（紀元後二二〇年）とともに、大きな墳墓を造営する風潮は廃れます。

古墳の「きょうだい」たち

そのいっぽう、漢の衰退と滅亡に乗じて、周辺の諸民族が力をつけて台頭し、自分たちの国家を作っていくような動きを示します。たとえば、朝鮮半島の北部にいた遊牧民の「扶《ふ》余《よ》」は高句麗を建国し、百済王家の伝説上の祖ともなりました。また、南部にいた農耕民の

「韓」は新羅や加耶の諸勢力をおこしました。同じ流れの中で、日本列島にいた農耕民の「倭」が作ったのが大和王権です。そして、これら高句麗・百済・新羅・加耶・大和の各国では、王が権威を示す手段として、漢の皇帝たちが伝統的に築いてきた墳墓をまね、自分たちも大きな墓を造って力を誇示するようになりました。

同じころ、ユーラシアの反対側の西ヨーロッパでも、似たようなことが起こります。ローマの衰退と滅亡に乗じて、周辺の諸民族が力をつけて台頭し、自分たちの国家を作っていきます。これらの国家の一部で、朝鮮半島や日本列島と同じように、王が権威を示す手段として大きな墓を作るようになります。イギリスのアングロ・サクソン族やスカンディナヴィアのノルマン族などのあいだで、この習わしがとくに盛んにみられました。

ただし本来、ローマ帝国では、皇帝たちは大きな墓を作っていませんでした（ローマ皇帝はあくまで「人民の代表者」で、神格化されなかったからだと考えられます）。アングロ・サクソン族やノルマン族の王たちが築いた大きな墓は、もともと紀元前の古い時代に西アジアから伝わってきた墳墓が、ローマ帝国の支配が十分に届かないイギリスやスカンディナヴィアで細々と続いていたのを、ここぞとばかり再興したものだと考えられています。

日本の古墳の歴史的な素性が、だんだんはっきりしてきました。遠いルーツは中央ユーラシア。そして、そこを起源として東へと拡がった墳墓が、さらに中国で皇帝陵へと発達しました。それを遠い手本として、日本列島の古墳は生み出されました。

高句麗・百済・新羅・加耶で、同じころに生まれて発達した大きな墓も、日本列島の古墳と同じ素性をもつものだということもわかりました。日本列島の古墳の「きょうだい」たちと言っていいかもしれません（図40）。

巨大さと後進性

しかし、その「きょうだい」たちの中で日本列島の古墳だけが、ひときわ大きな体をもつようになったのはなぜでしょうか。その答えを探すためには、「きょうだい」たちの体質（材質・構造）と、生まれ育った環境（社会的背景）とを比較して、違いを明確にしていく必要があります。

まず、材質の違いを見ていきましょう。朝鮮半島の「きょうだい」たちの中で、あまり巨大にならないのは、高句麗と百済の王たちの墓です。高句麗王墓の代表格である将軍塚は、石材を自由な形に切り出す加工技術と、それを組み合わせて積んでいく構築技術のレベルが高く、日本列島の古墳ほど巨大でないけれども、整然とした精緻な姿に王の威信の高さがう

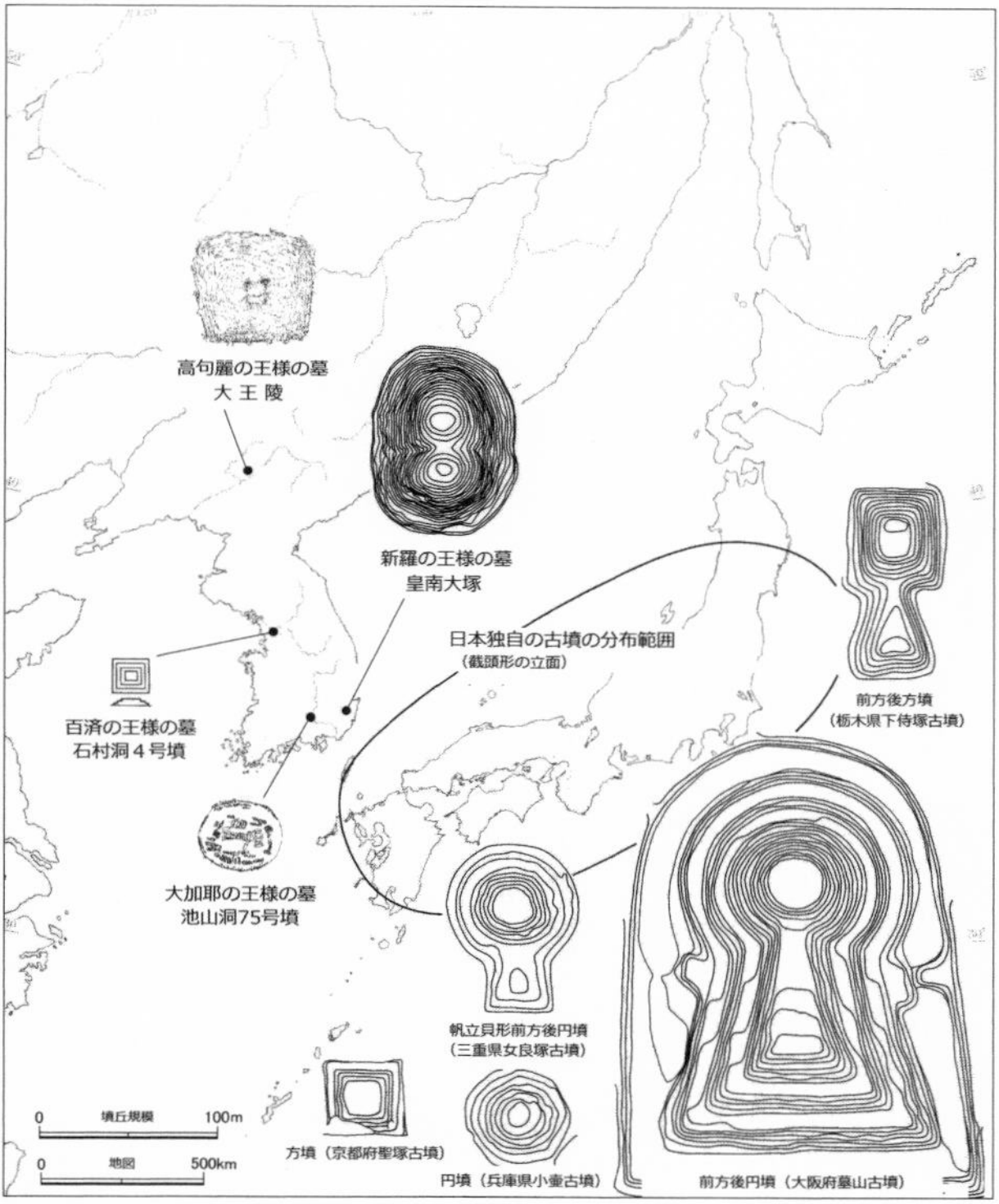

図 40　日本列島の古墳と朝鮮半島の墳墓

（新納泉［1992］「時代概説 古墳時代」日本第四紀学会・小野昭・春成秀爾・小田静夫編『図解 日本の人類遺跡』東京大学出版会の図をもとに作成）

かがえます。人民の労働をたくさん集めることによってではなく、ハイテク技術者を組織して発注することによって造られています。朝鮮半島でも中国に近い百済や高句麗は技術も高く、統治の組織も洗練していたために、このような「量より質」で勝負する王墓を造ることができたのです。

これに比べて日本の古墳は、土を盛り上げて表面に小さな石を貼るという、誰にでもできる技術の量的な集積によって造られました。ハイテクよりも、とにかくたくさんの人手をかき集めて「質より量」で勝負した王墓です。「王のため、みんなが総出で単純作業」という原始的な技術と習わしによって、日本の古墳は造られたということです。文明中心地の中国からはるかに遠く、海を隔てて離れていたゆえの後進性が、日本の古墳が巨大であることの一つの要因でしょう。

王を神格化する舞台

次は、構造の違い、具体的にいえば、墳丘の中に王が葬られる位置をみてみましょう。まず、朝鮮半島の王たちの墓のうち、高句麗と百済のものは、石を組み上げていく途中に石室を設けます。新羅と加耶は、遠いルーツとなった中央ユーラシアの墓や、直接の手本となった中国の皇帝陵と同じように、まず地面に墓室を作って王を埋葬し、その上に礫や土を盛り上げて墳丘を完成させます。これに対して、日本列島の古墳は、まず土を盛り、石を葺いて墳丘を完成させます。墳丘の完成後、その頂上に浅い墓穴を作り、その墓穴の中に石室を作って王を埋葬します（図41）。朝鮮半島でも西南部には同じように造る墓がありますが、日本列島のものほど大きくはなりません。

このように、西アジアのルーツ、手本となった秦・漢の中国皇帝陵や、朝鮮半島の「きょうだい」たちの多くが、いずれも「埋葬→墳丘構築」（秦・漢・新羅・加耶）あるいは「埋葬＝墳丘構築（同時）」（高句麗・百済）という手順で造られていたのに対し、日本列島の古墳は、「墳丘構築→埋葬」という、まったく逆の手順で造られています。この手順で造られた墳墓は、世界の中でも珍しいものです。この手順の逆転こそが、日本列島の古墳の大きな特徴であることが、比較考古学の成果として近年明らかになってきました。

つまり、世界の多くの墳墓では、亡き王たちの遺体は墳丘の下に深く埋め込まれる形となるのに対し、日本列島の古墳では、王たちの遺体は天に接する高い場所に祭り上げられるのです。おそらく、王たちは死後に天に上るという思想が、古墳の構造や造り方に反映しているのでしょう。

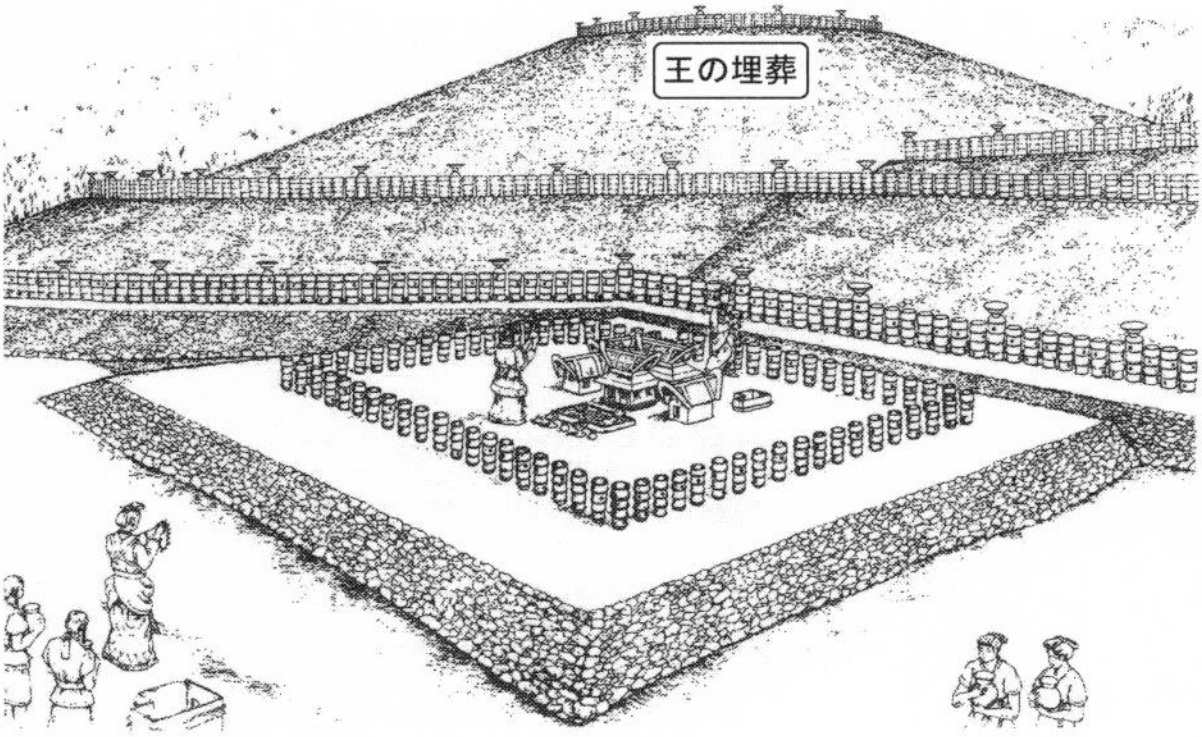

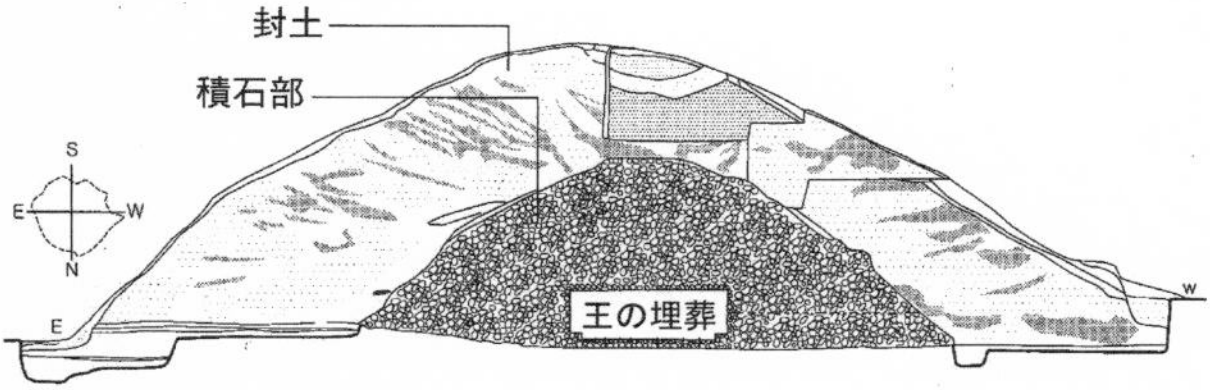

図 41　王を埋葬する位置（上：日本列島、下：新羅）
（上：加古川市教育委員会提供、下：韓国考古学会編（武末純一・庄田慎矢・山本孝文訳）［2013］『概説 韓国考古学』同成社より、一部改変）

日本列島の古墳の思想の中には、葬られる人物が偉ければ偉いほど、その遺骸を高く祭り上げなければならないという意識があったようです。遺骸を高いところに据えるには、墳丘を高くしなければなりません。墳丘を高くするには、裾の寸法も大きくしなければなりません。このような思想が、日本列島の古墳を、朝鮮半島の「きょうだい」たちよりもはるかに巨大にしていった要因の一つになったと考えられます。

古墳を生み出す背景

次に、日本列島の古墳が巨大化した社会的背景を見ていきましょう。高句麗・百済・新羅では、それぞれの中央の勢力が地方の勢力を圧倒し、中央の勢力の中から王が立てられ、絶対的な地位を確立していました。ですから、これらの国々では、エジプトのピラミッドや中国の始皇帝陵もそうだったように、大きな墓はほぼ王だけのために築かれました。これらの国々では、王墓以外に、それに匹敵するような大きな墓は造られませんでした。今でも、都のあった集安・ソウル・慶州などを離れて地方へ行っても、大きな墓はほとんどありません。

これに対して日本列島では、前章で述べたように、古墳時代前夜の「倭国乱」の混乱が、大和による軍事的統一によってではなく、卑弥呼という一人の女性をみんなの王にするという合意で落ち着きました。彼女の墓が箸墓《はしはか》だとしたら、巨大古墳は、合意と連合によって中央政権ができあがった記念物ということになります。

大和王権が、大和の王を中心に立てた地方の王たちの合意と連合の産物だったからこそ、大和の王だけではなく地方の王たちも、その土地の実質的な支配者として、時には大和の王に迫るほどの大きな規模をもった墓を築くことができたのです。

大和王権ができたころの古墳の分布をみると、中心の大和には王の中の王、すなわち大王（中国や朝鮮半島からみると「倭王」）の古墳が大きく築かれていますが、地方にも相応の規模を持った古墳がたくさん造られたことがわかります。地方の王たちの古墳です。このような状況は、高句麗や百済や新羅などでは顕著ではありません。

エジプトや秦・漢や高句麗や百済や新羅では、そこに葬られる王の絶対的な権力を示すために墓は大きくなりました。これに対し、日本列島では、大王を中心とする連合の中での王たちの序列を、墓の大きさで表現しようとしました。階層的な序列を、墓の大きさという目に見える指標で表現しようとすると、最上位に立つ大王の墓は、どうしても他にまさる「特大」クラスの大きさで造らなければなりません。このことも、日本列島の古墳が巨大化した要因の一つと考えられるでしょう。

日本の古墳が巨大化した要因は、他にもいろいろ考えられます。たとえば、日本列島は海に囲まれているために、朝鮮半島諸国のように国境防衛のための山城網を作ったり兵士を駐屯させたりする必要がなかったので、多くの労力とコストを墓の造営ばかりに注ぎ込むことができたのではないか、という地理的条件の特異さが考えられます。

また、日本列島には、大陸から伝わってきたモノを元よりも大きく作って愛でる、という文化的伝統があると説く人もいます。たとえば、弥生時代の銅鐸は、大陸では振って鳴らす小さな鈴でしたが、日本列島に伝わるとお祭りの道具とされ、どんどん大きくなって、最後は吊るして鳴らすことができないほど巨大化しました。音を聞くより、見て愛でるようになったのです。古墳時代に流行する鏡も、モデルとなった中国の鏡よりもはるかに大きく作ることがしばしばでした。奈良・東大寺の大仏（盧《る》舎《しや》那《な》仏《ぶつ》）も、屋内に安置する仏像としては驚くほど大きなものです。つまり、モノを破格の大きさに作って、その心理的機能を増幅し、もとの役割よりも、権威の誇示や秩序の反映など、社会的関係を表すメディアとする。日本列島でこのようなモノの用いかたがさかんにおこなわれたのは、大陸の影響を受けながらも辺境の島国だったために、モノに頼らず制度に根ざした権威や秩序の形成が遅れたためかもしれません。認知考古学の観点からは、日本列島のそんな特質が浮かび上がってきます。

以上に説明してきたように、日本列島の古墳が巨大化した要因は、さまざまに考えられます。どれか一つだけが正しいのではなく、述べてきたようなさまざまな要因が重なり合って、古墳は巨大化したのでしょう。どのような要因がどのようなプロセスで重なって巨大な古墳が生み出されたのか、さらに具体的な筋道の解明は、比較考古学のこれからの課題です。

大和王権と前方後円墳体制

古墳の比較考古学の課題は遠大とはいえ、そこからひとつはっきりしたのは、古墳は絶対的な支配者の墓ではなく、大和王権成立後も地元での支配力を温存した各地の王と、その中心に立てられた大王との関係を表すものとして営まれたということです。

大和王権が発足した三世紀中頃の王たちの古墳の分布をみましょう（図42）。奈良盆地にある最大の古墳が、初代の大王（倭王）の墓とみられる箸墓古墳です。箸墓と同じ前方後円墳が、大和を中心とした近畿、瀬戸内、九州北部に主として分布し、東日本にも小さなものが散在します。いっぽう、四角い本体に前方後円墳の前方部と同じ形の前方部を付けた「前方後方墳」とよばれるものもあります。その最大のものは近畿を中心に分布しますが、たくさんあるのは東日本です。また、前方部をもたない円墳や方墳で、かなりの大きさをもつも

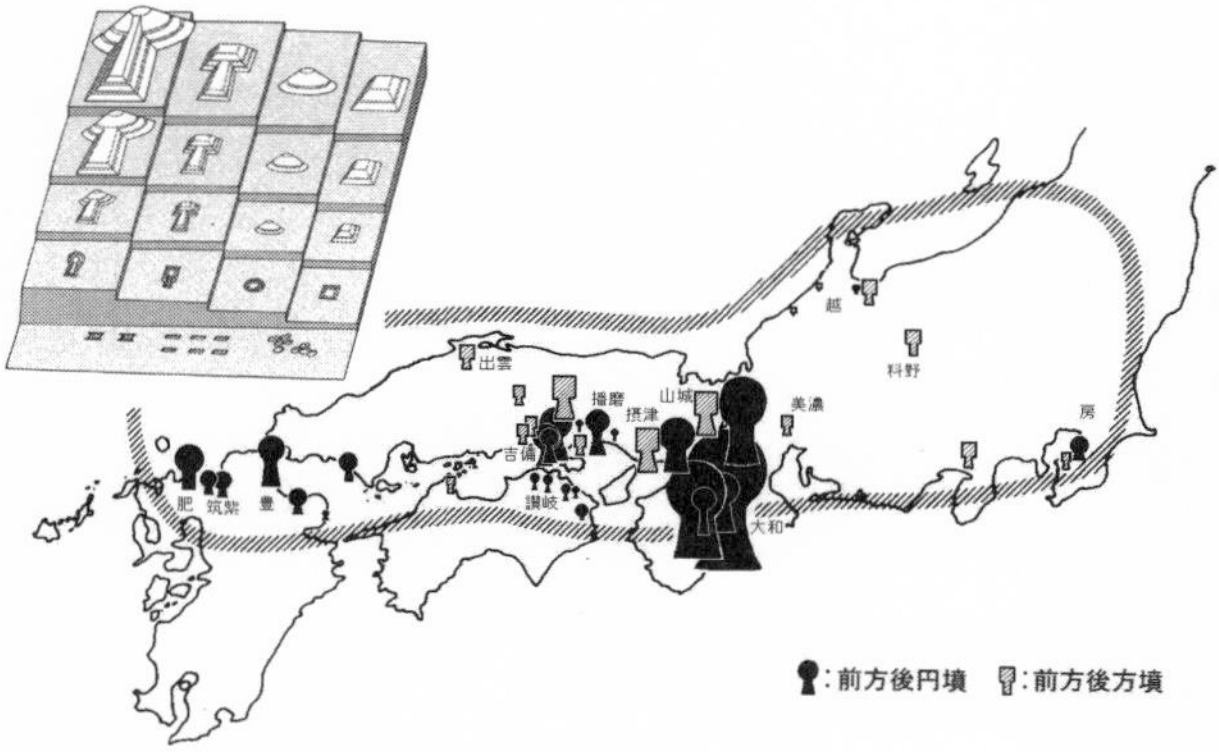

図 42　3 世紀中頃の王たちの古墳

のが全国的に分布しています。

古墳時代研究を主導してきた都出比呂志《つでひろし》さんは、前方後円墳・前方後方墳・円墳・方墳の四種類の古墳がさまざまな規模で築かれることによって、最大の前方後円墳に葬られる大王を頂点とする身分秩序が表示されていると考えました。大和王権とは、そのような身分のしくみを統治のシステムとする日本列島最初の国家であり、古墳による身分表示のシステムを、古代国家の「律令体制」、中世国家の「権門体制」、近世国家の「幕藩体制」になぞらえて、「前方後円墳体制」とよぶことを、都出さんは提唱しました。この考え方は、二一世紀以降の古墳時代研究にもほぼ受け継がれています。

大王墓とその相似墳

前方後円墳体制の内容を、もう少しくわしく見てみましょう。もっとも大きな大王の前方後円墳を頂点として、それよりも小さい前方後円墳が各地に造られていますが、それらの中には、大王の前方後円墳と同じ設計で規模だけ縮小した「相似墳」とよばれるものがあると考えられています。「相似墳」は、大王との間に密接な関係があった、言い換えれば大和王権の中でとくに重要な位置を占めた地方の王たちの古墳と考えられています。大和以外の近畿地方各地や、瀬戸内の吉備などに、「相似墳」がたくさんみられます。

「相似墳」の典型的な例とされるのは、岡山県の浦間《うらま》茶臼山《ちゃうすやま》古墳で、初代の大王墓とされる箸墓古墳の平面形を二分の一に縮小して造ったものと考えられています。浦間茶臼山古墳に葬られた三世紀後半の吉備の王が、ときの大王と密接な関係をもって大和王権に所属していた可能性は高いでしょう。

しかし、大和王権と何らかの結びつきをもって築かれた前方後円墳のすべてが、「相似墳」のように大王との密接な関係を示しているわけではありません（図43）。たとえば、香川県の猫塚《ねこづか》古墳には、ふつうは一つしかない前方部が二つもついていて、「双方中円墳」とよばれる変わった形をしています。さらに、通常の古墳は土を盛り、表面に石を貼って造ります

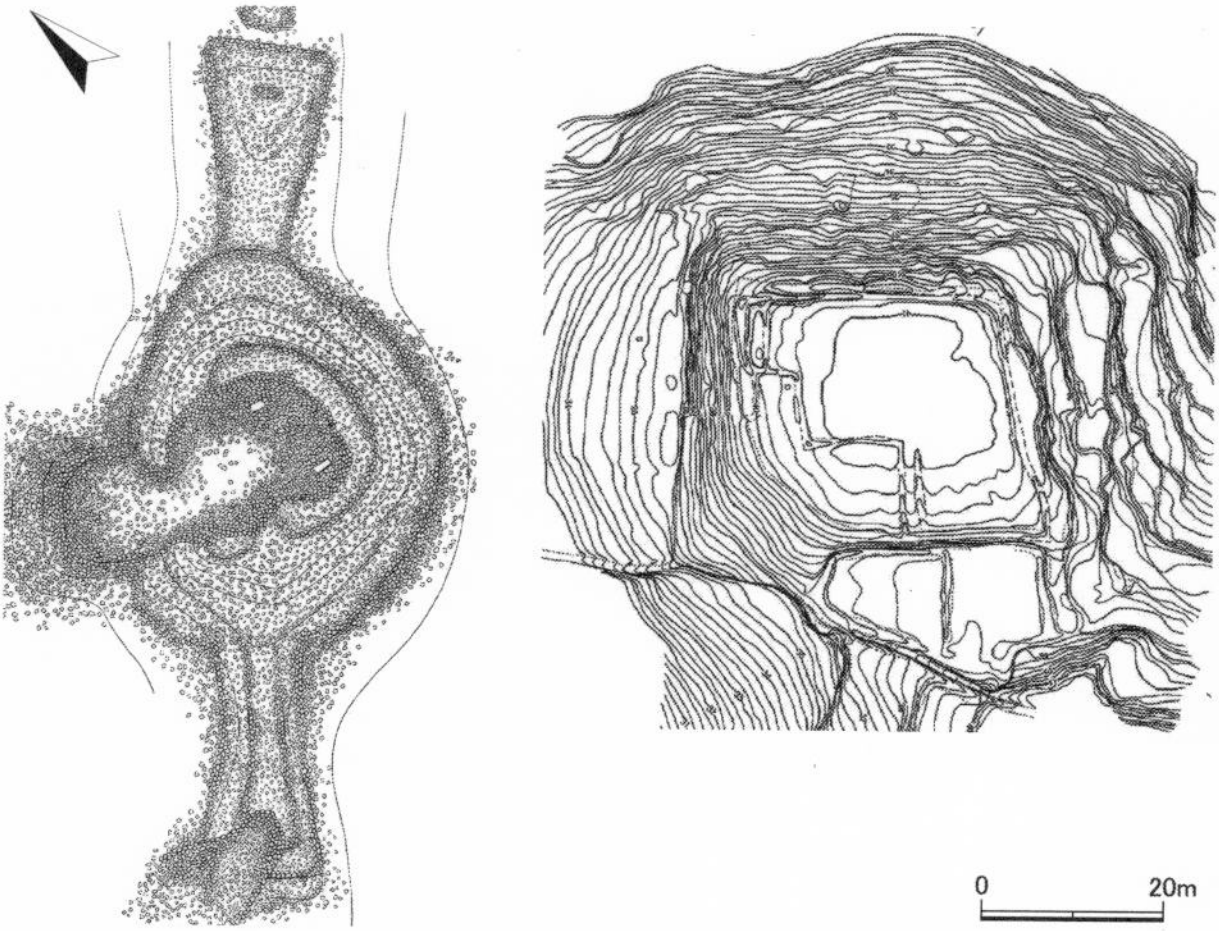

図43　双方中円墳（左：香川県猫塚古墳）と方墳（右：島根県大成古墳）（各報告書より）

が、この古墳は土をまったく使わずに石だけを積んで造っています。このような古墳を「積石塚」といいますが、大和王権の成立当初、讃岐とよばれたこの地方の前方後円墳の大多数は、積石塚として築かれました。

このように、地域によっては、一応は前方後円墳らしきものを築いているのだけれど、よく見れば大和の大王のものとはほど遠く、独特の地域臭が濃厚に匂い立っていることがあります。大王と密接な関係をもって「相似墳」を築いた地域、関わりが薄く地域色の強い前方後円墳を営んだ地域。大和王権の成立当初は、中央の大和と各地との結びつきの濃淡や強弱はさまざまだったようです。

前方後円墳を築かない王たち

本体を四角く造る「前方後方墳」も、大王の前方後円墳とは毛色の異なるものです。大和王権の成立に先立つ三世紀前半の段階では、本体が四角いものは東日本にたくさんありました。多くの古墳時代研究者は、前方後方墳のルーツは東日本にあるのではないかと推測しています。このように考えると、前方後方墳もまた「地域色の強い前方後円墳」の一種と理解できます。

ただ、讃岐の積石塚などと違うのは、大和王権が成立してから後は、前方後方墳の大きなものは近畿地方や吉備などにも認められるようになることです。大和王権の「前方後円墳体制」の中で、大王とは別の「出自」を自他ともに認める、いわば近世幕藩体制の「外様大名」のような王たちの一派が、前方後方墳を築いたと考える説があります。大和王権は、さまざまな出自をもつ王たちの系列から成り立っていて、そういう意味ではまだ一元的な構造体にはなっていなかったと考えられます。

さらには、前方部をもたない「方墳」を、地域の王の墓として築き続ける地域もありました。山陰の出雲です。出雲では、三世紀後半から四世紀の中ごろにかけて、大きいものでは一辺が五〇メートル以上にも達する大型の方墳を築いて王を葬りました。わずかに前方後方墳もありましたが規模は小さく、前方後円墳にいたってはほとんど造られませんでした。古墳の形から見て、大王との結びつきがこれほど薄い地域は、ほかに認められません。

前章でみたように、「倭国乱」よりも前の段階では、出雲は吉備とともに、王の墓を大きく築く新しい社会のしくみをリードした地域です。倭国乱をへて、出雲と吉備に代わって大和がその地位を得たあとに、吉備は「相似墳」をたくさん築くなど大和王権に密着したのに対して、出雲は大和王権と距離を置いたようです。大和王権の成立当初は、中央の大和と各地との結びつきの濃淡や強弱はさまざまであるばかりか、出雲のように強い結びつきを持たずに独自性を保とうとした地域もあったと考えられます。

王の亡骸を飾る品々

大和王権と各地の王たちの関係を示すのは、古墳の形と規模だけではありません。石室の形（竪穴式石室）、棺の型式（大木を縦割りにして中を刳り抜き、合わせて蓋と身にした割竹形木棺《わりたけがたもっかん》）、そこに副葬する品々などには、同じものを用いる約束事が共有されていました。

副葬する品々について、少しくわしくみてみましょう。大和王権の成立当初、大王や王たちに共有されたおもな副葬品は、鏡・腕輪形石製品・銅鏃《どうぞく》の三種類です（図44）。鏡は、大和王権が各地の王たちを代表して中国王朝に遣いを送った時にもらったものと、それを模作したものとがあります。大和との結びつきの強さに応じて、各地の王に贈られました。

腕輪形石製品は、「碧玉《へきぎょく》」という深緑色や灰緑色のきれいな石材を、貝で作った各種の腕輪の形に加工した製品です。北陸産の石材で多量に作られ、各地の王に流通しました。鏡や碧玉製品は、政治と不可分だった祭りの道具です。

銅鏃は、質の良い青銅で作った「飾り矢」の矢じりです。実用ではなく、王の軍事的な地位を演出するものです。これも大和で多量に製作され、束として各地の王に配られました。その背景には、大和王権との軍事的な盟約などがあったかもしれません。

ただし、鏡・腕輪形石製品・銅鏃の製作と配布を一元的に取りまとめるシステムやルートは、まだ完備されていなかったようです。これら、大和王権と各地の王との結びつきを象徴する品物を「威信財」といいますが、威信財の種類ごとに、大和にいる別々の有力者が製作を取りしきり、各地の王たちへ配布する元締めのようなことをしていたようです。

第一章で紹介したように、奈良県天理市の黒塚古墳に葬られた人物は、鏡、とくにその中

左上：副葬品の出土状況
左下：鏡（連弧文鏡）
右上：腕輪形石製品（鍬形石）
右下：銅鏃の束

図44　王たちの副葬品３種
（滋賀県雪野山古墳：東近江市教育委員会提供）

でも中国からもらってきた三角縁神獣鏡《さんかくぶちしんじゅうきょう》を管理し、各地の王へ配布する活動を取りしきっていたようで、古墳の規模に見合わぬほどの量の三角縁神獣鏡（三三面）を、自らの棺のまわりに、ところ狭しと並べてありました。

黒塚古墳には、他の二種類の威信財（銅鏃と腕輪形石製品）はいっさい副葬されていませんでしたが、同じ奈良県の桜井市メスリ山古墳では、副葬品専用の竪穴式石室の中に二〇〇本以上の鉄ヤリを詰め込み、その上に銅鏃を付けた二三八本の矢を七つの束に分けて置いてありました。メスリ山は、墳丘の長さが二二四メートルもある巨大前方後円墳で、大和では大王に次ぐ実力者でした。副葬品のほとんどを武器が占め、その中には鉄製弓矢（実用ではなく、王の軍事的威信を示すもの）のように他の古墳にはみられない品が含まれるので、葬られたのは、大王に仕える軍事の最高責任者のような立場の人物だったと考えられます。この人物が、銅鏃の工房を支配し、各地の王たちにそれを配布する元締めになっていたのでしょう。

奈良県川西町の島の山古墳は、墳丘長二〇〇メートルの巨大前方後円墳ですが、その前方部の上に、粘土に包まれた長大な割竹形木棺が埋められていました。この古墳の主人公は後円部の竪穴式石室に葬られていると考えられ、その近親者がこの前方部の木棺の主だと考えられます。木棺を包む粘土には、一三三個もの腕輪形石製品が貼り付けられていました。腕輪形石製品は、「車輪石」「鍬形石」「石釧」という、それぞれ別種の巻貝から作った貝輪の模倣品で、祭祀に用いるマジカルな道具です。粘土の下から検出された木棺の中央部に埋葬の痕跡がありましたが、鏡はわずか三面。銅鏃はありませんでした。この人物は、現在わかっている限りでは最多の腕輪形石製品を所持しており、その製作と配布を押さえていた大和の有力者と考えられます。

ネットワークとしての大和王権

ここまでみてきたように、鏡・碧玉製品・銅鏃という各種の威信財を製作して配布する中枢はそれぞれ別で、大和にいる別々の有力者が、おのおのの元締めとして活動していたようです。

その配布を受ける地方の王やそれに次ぐ有力者たちの古墳をみても、威信財の種類ごとに配布のネットワークが異なっていたことがうかがえます。たとえば、岡山県の用木《ようぎ》古墳群では、この古墳群を築いた有力者一族の墓は、中央の尾根に築かれた前方後円墳や前方後方墳です。ところが、これらの前方後円墳や前方後方墳には、大和から配布された威信財とみられる副葬品は無く、地元で手に入れた鉄器や小型鏡がわずかにみられる程度でした。

ところが、そこから外れた円墳の一号墳には、大和から配布されたと考えられる銅鏃の束が副葬され、中国製の良い鏡もそれに伴っていました。このことは、古墳の形と規模が示す身分秩序とは別に、威信財の流通システムが動いていたことを示しています。

また、岡山市の車塚《くるまづか》古墳は、墳丘の長さが四八メートルという小型の前方後方墳で、通常はこの大きさの古墳が多数の威信財をもつことはないのですが、ここでは例外的に一三面もの鏡が副葬され、そのうちの一二面は中国製の三角縁神獣鏡でした。この古墳の主は、墳丘の形と規模による「前方後円墳体制」においてはランクが高くありませんが、鏡の流通システムという別のネットワーク上では相当の有力者だったようです。大和王権は、大王を頂点としながら、その実態は何人もの実力者が別々のネットワークで各地の王たちを組織する、柔軟な複合体だったようです。

男女が支えた大和王権

三世紀後半から四世紀中頃までの、初期の大和王権の実態をみてきました。ところで、その中で出てきた「王」や「有力者」について、皆さんは漠然と男性を思い浮かべられていたのではないでしょうか。ところが近年、それが先入観だったことがわかってきたのです。

岡山大学の清家章《せいけあきら》さんは、女性の人骨に伴う副葬品と男性の人骨に伴う副葬品との間に、種類や品目の違いがあることを証明しました。この研究によって、人骨が残っていなくても、副葬品の内容から、葬られた人が男性だったか女性だったかを判別する精度が高まりました。たとえば、いまみてきた三種類の威信財のうちの銅鏃や、また実用品の鉄鏃などをつけた矢、および甲冑《かっちゅう》（よろい・かぶと）を副葬しているのは男性に限られます。また、腕輪形石製品のうち、「石釧」や「車輪石」が遺骸の手首の位置から出土した場合は、ほぼ確実に女性です。

性別がわかるくらいに人骨がよく残る古墳は稀ですが、副葬品の内容は調査によってほぼ明らかになるので、この研究は画期的でした。各地の古墳に葬られた人の性別がおおよそわかるようになった結果、大和王権初期の三世紀後半から四世紀中ごろまでは、大きな古墳の中心に葬られる王や有力者の男女比は、およそ六対四だったことが判明しました。つまり、大和王権は、各地の男女の王や、大王に仕える大和の有力男女が、ほぼ対等の立場で支える王権だったのです。

さきほどみた、最多の腕輪形石製品を所持していた島の山古墳の前方部の木棺に葬られた人物も、副葬品の内容からみて女性でしょう。大和王権は、大王を頂点としながら、実際にはその周囲の何人もの実力者が、さまざまな威信財を製作して配布する別々のネットワークの中心を占め、各地の王や実力者たちを柔軟に組織化していたと考えてきましたが、その中には、島の山古墳のような女性有力者を核とするネットワークもあったと推測されます。このことは、現代の先入観や価値観にとらわれず、過去の男女関係やその変化を客観的に復元していくことを目的の一つとした「ジェンダー考古学」の成果として、大きな注目を浴びています。

大王墓の移動

これまでみた三世紀後半から四世紀中ごろまでの大和王権の初期とは、大王墓とおぼしき巨大な前方後円墳を含む大きな古墳群が、奈良盆地に築かれていた段階です。ところが、四世紀の終わりに近づくと、大王の墓とみられる前方後円墳を含む大古墳群は、大阪平野に築かれるようになります（図45）。百舌鳥《もず》古墳群と古市《ふるいち》古墳群で、この両古墳群の成立をもって、大和王権は中期の段階を迎えたとされています。

中期の大和王権の時代に、さきほど「比較考古学」によってその要因を考えた古墳の巨大

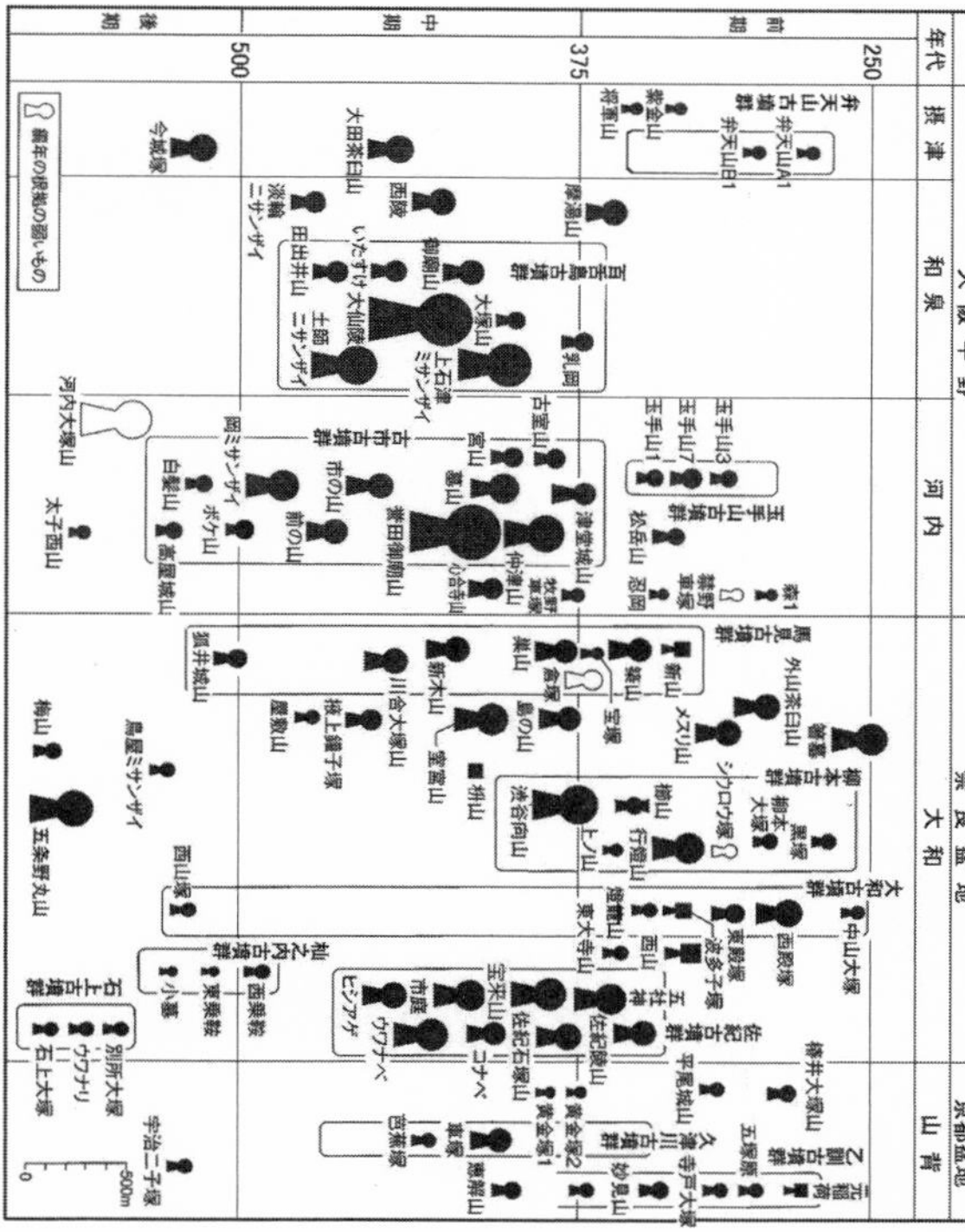

図45　大型古墳群の展開
（白石太一郎 2013『古墳からみた倭国の形成と展開』敬文舎の図を改変）

化がピークを迎えます。最大の大仙陵古墳（「仁徳天皇陵」）と、長さ三六五メートルで第三位にランクされる上石津《かみいしづ》ミサンザイ古墳（「履中《りちゅう》天皇陵」）が百舌鳥古墳群に、長さ四二〇メートルで第二位の誉田《こんだ》御廟山《ごびょうやま》古墳（「応神《おうじん》天皇陵」）が古市古墳群に含まれます。なお、『日本書紀』に記された即位順序は「応神→仁徳→履中」ですが、第一章で紹介した考古学による年代決定法では、三つの古墳の築造順は「上石津ミサンザイ（履中）→誉田御廟山（応神）→大仙陵（仁徳）」となり、まったく合致しません。このように、宮内庁による陵墓（天皇・皇后・皇族らの墓）の治定（どの古墳が誰の墓か政治的に定めること）には、信憑性の薄い例が多いことが近年では明らかです。

大王墓を含む大型古墳群の場所が奈良盆地の大和から大阪平野の河内へと変化したことについては、王権の中枢は大和から動かなくて大王墓の場所だけが移動したとみなす説と、大和に基盤を置く王権から、河内を本拠とする王権へという支配者の交替があったと考える説（その際は、ここからは大和王権でなく「河内王権」ということになります）とがあり、長いあいだ論争をしていますが、決着はついていません。

ただ、そのいずれにしても、中期になると、大王を盟主とする王権が地域の王や有力者たちをまとめ上げていくしくみに、大きな変化が起こったことは確実のようです。前期の大和王権はさまざまな威信財を配るネットワークがゆるやかに重なり合う多頭的なしくみだったと考えられるのに対し、中期の大和王権はそういうネットワークを一元化し、それをまとめる大王の手元により強い権力が集まったようです。そのようすをみていきましょう。

男性の優位化と武装の革新

まず指摘できるのは、男性の優位化です。前期の大和王権には、前回にみたように女性の実力者もたくさんいて、男女の地位に大きな格差がないしくみでした。ところが中期になると、大和王権に結びついた各地の王や有力者の大多数を、男性が占めるようになったことが、清家さんの研究から明らかになりました。つまり、大きな古墳や、それを取り巻いて古墳群を構成する古墳に、ほぼ例外なく、男性しかもたない甲冑（よろい・かぶと）と矢（ふつう出土するのは矢尻だけ）が副葬されるようになるのです。正確にいえば、男性のジェンダー（社会的規範に埋め込まれた性差）を帯びることが、王や有力者の長の座に就くための必要条件になりました。

注目されるのは、この新しいしくみへの変化とともに、男性たちが副葬する武器にも技術や機能の革新が認められることです。鉄製のよろいは、小さな鉄板を上下左右に組み合わせ

図46　大量に出土した甲冑
（大阪府野中古墳：大阪大学考古学研究室所蔵）

て綴じたものから、細長い鉄板で先にフレーム（骨組み）を作り、後からフレームの間に決まった形の鉄板をあてがって綴じるという規格品へと替わりました。同じ手法で作られたかぶともあらわれ、よろいとセットで用いられます。まもなく、鉄板どうしを鋲《びょう》で留める技術がもたらされ、甲冑の多量生産が始まります。鉄の矢じりも、柳の葉のような形をした薄いものから、角棒状の先端に刃を付けた鋭利で強靭な形のものへと一変します。

中期の甲冑は、九州から出た品も、近畿から出た品も、関東から出た品も、すべて同じ設計と技法の産物で、一か所で作られて各地に流通したものとみられます。その分布の中心は近畿地方にあり、とくに大王の墓がある百舌鳥古墳群や古市古墳群から大量に出土します（図46）。これらのことから、中期の甲冑は大王のひざ元で一括して作られ、王権の管理のもと、各地の王や有力者に配布されたと考えられています。

倭の五王の政権課題

これらの甲冑の多くは、一組ずつ、径が一五〜三〇メートル程度の円墳や、前方部の短い小型前方後円墳（帆立貝形古墳）のような中小古墳から出土します。甲冑を副葬するこのような中小古墳が、九州から関東まで広く分布します。このことは、中期の王権が、各地の中小の有力者に広く甲冑を与えることによって、彼らを自らのもとに軍事的に組織していった動きを示すと考えられています。

その証拠の一つが、埼玉県行田市の稲荷山《いなりやま》古墳から発見されています。稲荷山古墳は、墳丘の長さが一二〇メートルの、地方にあっては大型の前方後円墳で、中心に葬られた人物は、当時の関東南部を支配した王だったのでしょう。そのかたわらに「礫槨《れきかく》」とよばれるやや簡素な埋葬施設があり、そこから出土した鉄剣に金象嵌《きんぞうがん》（彫りこんで金糸を埋める）の文字でヲワケコ（または「ヲワケの臣」）という持ち主の名前と、彼が「ワカタケル大王の親衛隊長として統治を補佐したことを記念してこの刀（実際には剣）を作った」という意味の銘文が記されていました（図47）。地方の王その人ではなく、その近親者（おそらく弟か）が王権に出仕して軍事的な職責につく場合があったことを、この銘文は表しています。このように、中期には、王権が地方の勢力を軍事力として組織化する動きが進みました。

このように、中期の大和王権は、新型の武器を開発し、それを各地の王や有力者に供与して、日本列島（倭）の全土的な軍備を向上させることを、推し進めました。各地の氏族が男系中心に再編されたのも、王権が主導するこのような軍事力強化への対応だったと考えられます。

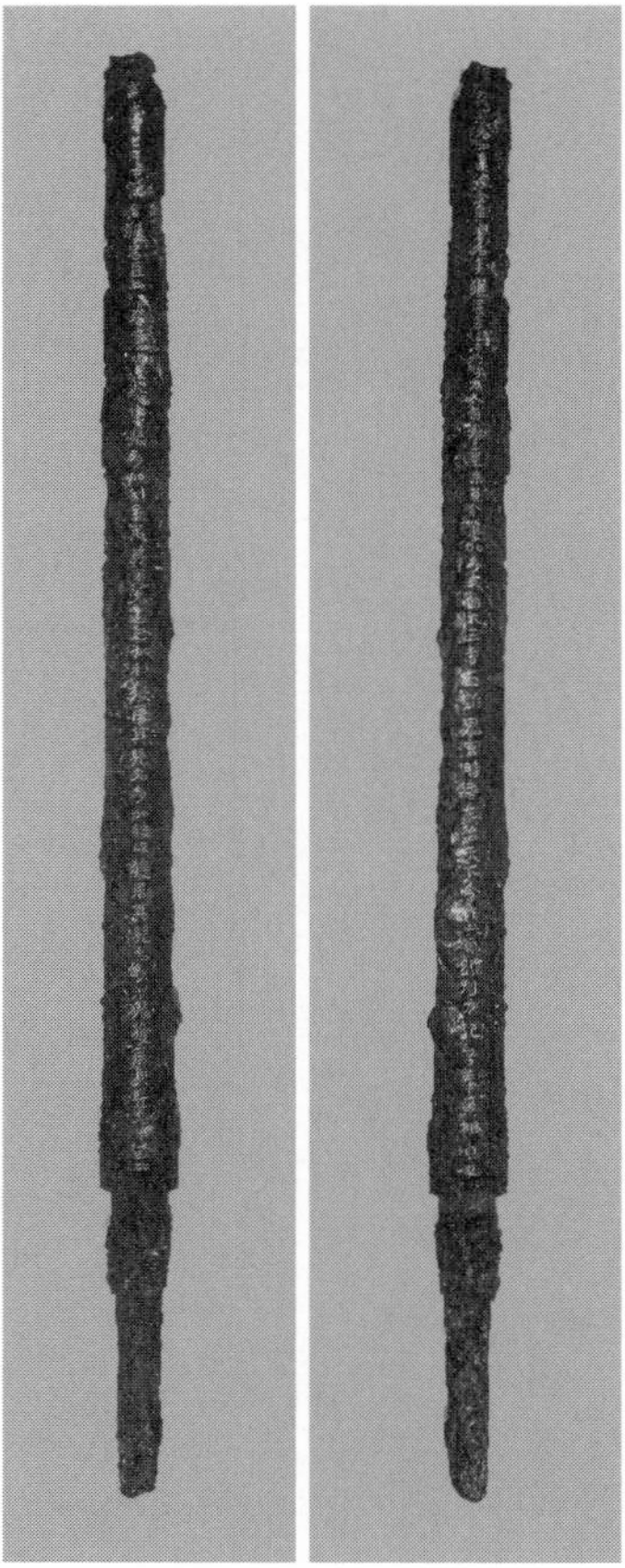

図47　稲荷山古墳の鉄剣
（埼玉県立さきたま史跡の博物館提供）

王権の頂点に立つ歴代の大王のうち五人が、中国の南朝（宋）に遣いを送ったことが、中国の史書に記録されています。「倭の五王」です。それによると、倭は朝鮮半島での権益の獲得と保持をねらって、宋にその「お墨付き」を求め、朝鮮半島の勢力の一部と緊張関係を演出していたようです。最大の仮想敵国は高句麗で、高句麗との対立は、倭の五王の最後の「武」が宋の皇帝に贈った上表文（挨拶状）にありありと描かれています。このような国際関係の中で軍事力を高めることを、中期の大和王権が最大の政権課題としていたことが、武器の開発や全国への供与の背景として見えてきます。中期の大和王権は「軍事王権」だったのです。

このように、中期の大和王権の政権基盤は、当時の国際的緊張に根ざすものでした。この時期に大王の前方後円墳が巨大化し、それが王権のウォーターフロントで外交の窓口だった大阪湾の沿岸に築かれたのも、よくいわれるように国威発揚の意味があったのかもしれません。また、前期にはヴァラエティに富んでいた各地の王の墓も、中期には前方後円墳に統一され、大王の前方後円墳と同じ設計で築かれたものが多くなります。大王の古墳にも各地の王たちの古墳にも、にぎやかに埴輪を立て、同じような儀礼が行われました。棺は、前期には割竹形木棺だったのが、中期には、六枚の部材を組み合わせて作った重厚な石棺（長持式石棺）が、王や有力者の埋葬施設として用いられました。

人びとと古墳

巨大な墳丘の上に、甲冑や刀剣や弓矢などのたくさんの武器や、玉・鏡などの副葬品に囲まれて葬られる王たちと、粗末な竪穴式の住居から古墳づくりの労働に通う一般の人びとの間には、きびしい格差や収奪の関係があったと、かつては理解されてきました。ところが近年では、一般の人びとの暮らしを保証するためにさまざまなサービスを行う王と、その王を崇敬して奉仕する人びととのあいだの物心両面にわたる緊密なつながりが、巨大古墳造営という大事業に結実したというイメージが共有されるようになってきました。

よろいを着たまま火砕流の中に伏して倒れた王の遺骸が、群馬県の金井東裏《かないひがしうら》遺跡から発見されています。王の墓を飾る甲冑は、人びとの先頭に立って外敵や災害に立ち向かう英雄としての王の姿を演出するコスチュームだったようです。また、田畑をうるおす水の源でおこなわれた祭祀（まつり）の場の跡が各地で見つかっていますが、この祭祀場をかたどった埴輪が王の古墳に置かれていることから、生産と豊穣の祈りをつかさどる大神主としての職責も、王はもっていたと考えられます。さらに、大きな古墳に葬られた優勢な王がいる地域では、「須恵器《すえき》」とよばれる陶器を焼く窯、鉄の道具をつくる鍛冶工房、馬の飼育施設など、朝鮮半島から導入した先端の技術によるものづくりが、いち早く始まりました。王は、新しい産業を誘致して地元を富ませる実業家としての顔ももっていたのです。

こうした各種のサービスをうまく行える有能な王ほど、人びとの信頼や崇敬を勝ちえて、大王にも信頼され、その古墳を盛大に築くことができたのでしょう。このような社会のしくみがもっとも顕著に機能したのが、四世紀後半から五世紀までの古墳時代中期でした。

墳丘の縮小と崩れ

中期に隆盛をきわめた古墳時代でしたが、後期とよばれる六世紀に入ると、しだいに変質していきます。まず、あれほど巨大だった前方後円墳の規模が、小さくなり始めるのです。

その要因は、古墳そのものの構造が変化することにあります。中期までは、古墳の頂上近くに棺を設置し、王の遺骸を葬っていました。王の眠る場所をできるだけ高く仰ぐために、墳丘を高く造る必要があったのでしょう。

これに対し、五世紀に大陸から伝わってきて六世紀に爆発的に普及する横穴式石室は、墳丘の底に近いところに深く埋め込みます。そうすると、それを覆う墳丘を高く大きく造ることの意味は薄れてしまいます。葬られた人の威信や地位は、巨大な墳丘よりも、内部の空間が大きくて美しい横穴式石室のほうに、より強く示されるようになるわけです。

そのため、墳丘は、小さくなるだけでなく、形も崩れていきます。まず、中期の大型前方後円墳が、後円部・前方部とも三段に築かれていたのに対し、後期には二段が通例になります。平面形も乱れ、大阪府白髪山《しらがやま》古墳（「清寧《せいねい》天皇陵」）のように、前方部は肥大、後円部は縮小して、上から見るとテルテル坊主のような形のものが出てきます（図48上）。天皇陵なので濠の外からしか観察できませんが、それでも異様なプロポーションがよくわかります。

全体が丸みを帯び、前方部の前端のラインが弧状にふくらむような例もあります。六世紀後半の欽明《きんめい》大王の墓とみられる奈良県五条野《ごじょうの》丸山《まるやま》古墳や、それとよく似た大阪府河内《かわち》大塚山《おおつかやま》古墳は、いずれも長さ三〇〇メートルと後期にしては異例に大きいのですが、前方部はもう高く盛られず、しるしだけの平たいものに退化しています（図48下）。さらに、二段の墳丘のうちの下段を平たい「基壇《きだん》」とした栃木県周辺の「下野型《しもつけがた》前方後円墳」のように、ローカルな変容もふたたび顕著になります。

図 48　白髪山古墳（上）と河内大塚山古墳（下）

新しい思想の古墳

墳丘に替わり、その古墳の格式を表すしるしとなった横穴式石室は、墳丘の裾に口を開けた通路（羨道《せんどう》）の奥に部屋（玄室《げんしつ》）を設け、木棺や石棺に収めた遺体を安置します。通路をふさいだり開けたりしながら、何人も続けて埋葬をすることができるので、横穴式石室は個人の墓というよりも、一族の墓（家族墓）です（図49）。

横穴式石室は入口がわかりやすいので、古くから侵入されて掘り荒らされていることが多いのですが、まれに手つかずの古墳が見つかると、金銅製（青銅に金メッキをほどこした製品）の馬具・大刀《たち》・履《くつ》や色とりどりの玉類など、豪華な副葬品がのこっています。一九八五年に未開封の石棺が確認された奈良県の藤ノ木古墳では、のちに国宝となった豪華な金銅製品や玉類のほか、ふつうは朽ち果ててしまう繊維製品までが残っていて、人びとの耳目をひきつけました。

さらに重要なのは、横穴式石室には、中期の竪穴式石室などには副葬しなかった多種多量の須恵器、すなわち食器類が副葬されることです。ハマグリの殻が入っているなど、実際に食物を盛って供えていたことがわかる例もあります。中期までの古墳のように、亡き王を天上の神の世界に位置づけることよりも、死後の生活に亡き人びとを送り出すことが、横穴式石室を採用した後期の古墳の思想だったようです。

横穴式石室の普及にともなう思想の変化とともに、古墳は、王たちのような有力者だけではなく、生産の発展によって生活に余裕が出て地域の顔役になった農民や技術者たちの家族もそれぞれに築くようになります。もちろん小さな円墳で石室も小ぶりですが、それなりの副葬品とともに葬られた豊かな家族たちの墓が、ときには数基ずつ、ときには何十～何百基も、山裾などに集まっている場合があります。これらを「群集墳」と呼びます。

図49　埋葬当時のようすが復元された群馬県前二子古墳の横穴式石室

前方後円墳の消滅

横穴式石室や群集墳の登場は、古墳が、大王や各地の王や有力者たちの権威や地位を表すモニュメントから、規模の差はあれさまざまな階層の家族たちが築

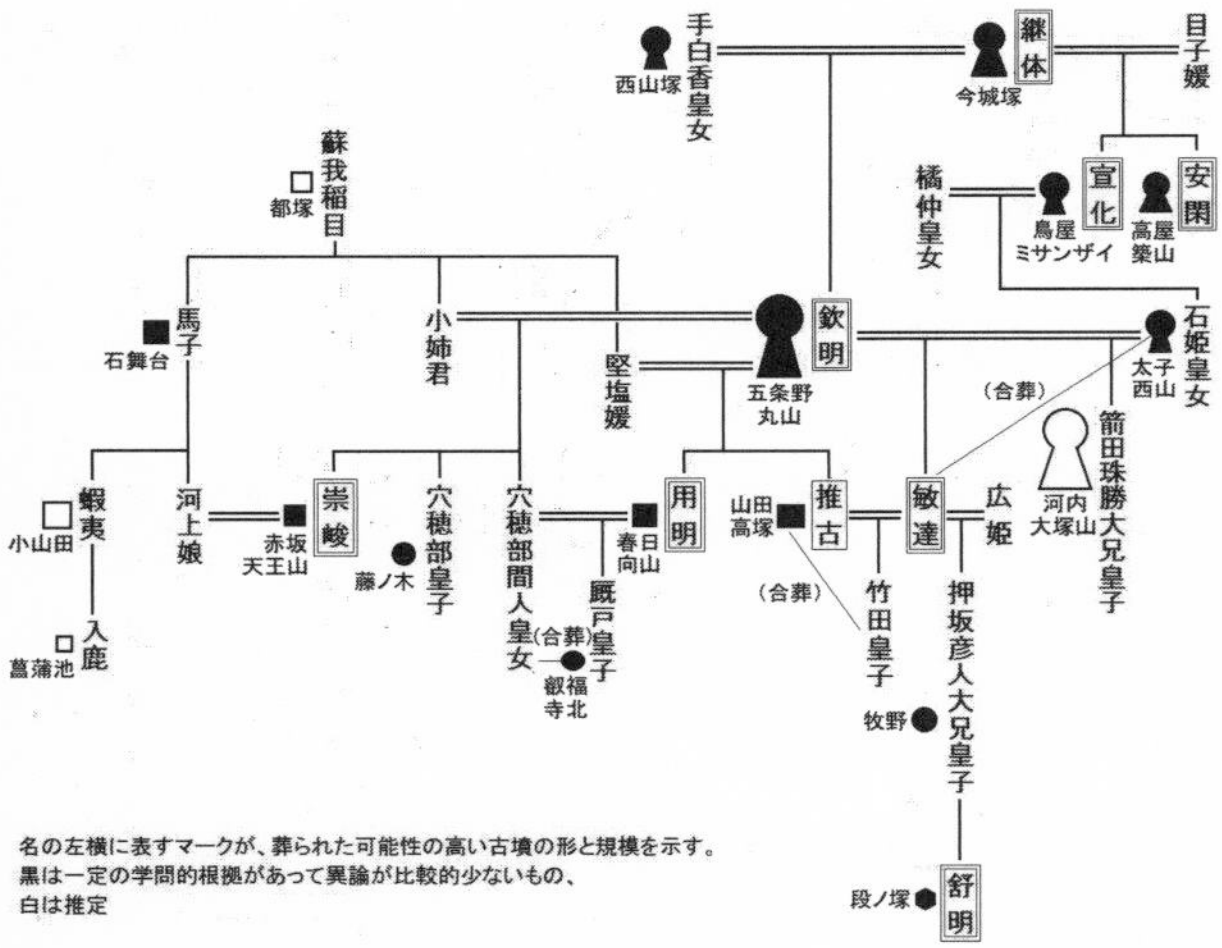

名の左横に表すマークが、葬られた可能性の高い古墳の形と規模を示す。
黒は一定の学問的根拠があって異論が比較的少ないもの、
白は推定

図50　6世紀の大王と古墳

く「墓」へと、性質を変えていったことを示しています。古墳が、政治や社会のしくみを反映する役割を終えつつあったようすがうかがえます。大王の古墳を中心に、その状況をくわしくみてみましょう。

後期以降の近畿地方の古墳には、葬られた人物（大王や豪族）が誰なのかを、かなりの確率で推定できるものがあります（図50）。それによると、前方後円墳に葬られた最後の大王は敏達《びだつ》（在位五七二〜五八五年）です。しかし、敏達は母親（石姫《いしひめ》）の前方後円墳（太子《たいし》西山《にしやま》古墳）に合葬されていますので、自ら前方後円墳を造った大王は、五条野丸山古墳に葬られた可能性の高い欽明《きんめい》(在位五三九~五七一年)ということになります。興味深いのは、欽明の治世に伝わった仏教に欽明自身は帰依せず、次の敏達も帰依せず、その次の用明《ようめい》(在位五八五~五八七)が大王として初めて仏教に帰依し、その彼が初めて前方後円墳から離れて方墳に葬られたということです。すべての古墳が消滅する前に、まず前方後円墳が廃絶されたことには、仏教が関係しているようにも思えます。用明のあとは、二人の大王(崇峻《すしゅん》・推古《すいこ》)が方墳に葬られました。

いっぽう、方墳は大豪族の蘇我《そが》氏が最初に採用した墳形で、方墳に葬られた用明以後三代の大王がいずれも蘇我氏を外戚とすることから、方墳は「蘇我系」のしるしだという説もあります。もっとも、蘇我氏は早くから仏教に深く帰依した氏族だということを考えれば、やはり方墳を仏教と結びつけて考えてもさしつかえないでしょう。

このようにして、日本列島の古墳の代名詞ともいえた前方後円墳は、大王の古墳としては六世紀後半が最後となりました。東日本では六世紀いっぱいまで造られますが、七世紀に入る頃には、前方後円墳は最終的に消滅します。

飛鳥時代の古墳

仏教が定着して寺院の建立がさかんになり、仏像などの美術が花開く七世紀を、美術史では飛鳥時代としてきました。前方後円墳の消滅とともに飛鳥時代が始まるタイミングになりますので、考古学では、前方後円墳なきあとの飛鳥時代の古墳を「終末型古墳」とよび、その段階を古墳時代の「終末期」と称しています。

終末期の古墳は、墳丘だけではなく、石室もぐっと小さくなります。丁寧に切って整えた石材を組み合わせたり、あるいは大きな石材を刳り抜いたりして、横口式石槨《よこぐちしき》という、カプセルホテルのような「お一人様」用の空間を作り、布を漆で塗り固めた棺（夾紵棺《きょうちょかん》）などに収めた高位の人物の遺骸を葬ります。

六世紀後半に、用明・崇峻・推古と三代の大王が方墳を築いたあと、六二九年に大王位を継いだ舒明《じょめい》は、八角形墳とよばれる特殊な形の古墳に葬られます。八角形墳は、大王（天皇）や、それとゆかりの深い皇族に限って用いられたと考えられ、以後は斉明《さいめい》・天智《てんぢ》・天武《てんむ》と持統《じとう》（合葬）・文武の四代に採用されました（斉明の前代の孝徳《こうとく》は除く）。

このうちの斉明大王（在位六五五〜六六一年、「皇極《こうぎょく》大王」としては六四二〜六四五年）の墓は、宮内庁が「斉明天皇陵」として治定している奈良県高取町の車木《くるまき》ケンノウ古墳（径四五

図51　牽牛子塚古墳の二つの横口式石槨
（明日香村教育委員会提供）

メートルの円墳）とはちがうようです。考古学では、明日香村の牽牛子塚《けんごしづか》古墳を、斉明大王の真の墓とみてほぼまちがいないと考えています。

　その理由は、第一に、この時代の大王陵の型式である八角形墳であることです。第二に、埋葬施設として二つの石槨が並んでおり、これが、「娘の間人皇女《はしひとのひめみこ》と合葬された」という『日本書紀』の記述に一致することです（図51）。第三は、墳丘のすぐ外側に接して、石槨をもつもう一つの古墳が二〇一〇年に発見されたことです。これも、「孫娘の大田皇女《おおたのひめみこ》が斉明の墓の前に葬られた」と記す『日本書紀』の記述に一致します。この新発見の古墳は越塚御門《こしづかごもん》古墳と名づけられました。

　文献の記録とここまで細部の一致をみれば、牽牛子塚古墳を斉明大王陵とみるのには何の支障もないように思えます。ところが宮内庁は、この事実をもってしても、治定を変更する意図がないことを言明しています。もっとも、治定を変更しないという宮内庁の方針のおかげで、こちらとしては本当の大王墓（天皇陵）を堂々と調査・公開できるのですから、考えようによっては、これほどありがたいことはありません。

古墳を築いた古代の天皇は、七〇七年に亡くなって八角形墳に葬られた文武《もんむ》が最後です。早世したため、次の天皇位には母の元明《げんめい》がつきました。八年後、元明は高齢を理由に娘の元《げん》正《しょう》に天皇位を譲りますが、亡くなる前に、「自分の墓として塚（古墳）を築いて盛大なまつりをおこなうことを禁じた」と『続日本紀』に記されています。このことは、当時の支配層の間に、古墳とは人民の労苦や資本を費やす無駄なものだ、という認識が広まっていたようすをうかがわせます。仏教や律令という、物心両面で国のしくみを支える新しい価値観や知識体系が世を覆い、一般の人びとの古墳である群集墳もまた、大王や有力者の古墳に前後して姿を消していきました。古墳の終わりです。

飛鳥の考古学

古墳の最後の一〇〇年間は、飛鳥時代です。飛鳥時代の考古学で何よりも面白いのは、この頃になると『日本書紀』などの記述内容がかなり史実を含むようになるので、古墳以外のことでも、歴史上の人物やエピソードと遺跡とが照合できることです。
飛鳥は、歴史の庭です。国のしくみを法が定めるという、現代社会と本質的に同じ仕組みをもった日本国の原型が作られるころの人物の活動や、彼ら彼女らの世界観に、遺跡を通じて、じかに接することができるのです。

飛鳥の中心をなす甘樫丘《あまかしのおか》の東側には、舒明大王の飛鳥岡本宮《あすかおかもとのみや》、皇極大王の飛鳥板蓋宮《あすかいたぶきのみや》、皇極が再び大王位に就いて斉明となった際の後飛鳥岡本宮《のちのあすかおかもとのみや》、天武天皇の飛鳥浄御原宮《あすかきよみはらのみや》などが、ほぼ重複して営まれました。以前は、大王ごとに、あるいは同じ大王の下でも時期ごとに、政治の中枢となる「宮」は転々としていました。ところが、七世紀に入ると、それがほぼ同じ場所で続くようになるのです。この総称が「飛鳥宮（倭京）」で、当時の日本列島に、永続的な中心という意味での「首都」をもつ本格的な国が生まれつつあった証しです。

これを囲むように、天智大王の時に建立されたとされる川原寺、厩戸《うまやど》王子（聖徳太子《しょうとくたいし》）の建立と伝わる橘寺《たちばなでら》、北方には蘇我氏の氏寺・法興寺《ほうこうじ》（飛鳥寺）があります。仏教の思想が、国家の世界観として、人びとの目を奪うスケールときらびやかさで、景観を彩るようになったのです。このかたわらで、先にみたように古墳は小さく、目立たなくなっていきました。

図 52　飛鳥の苑池（奈良県立橿原考古学研究所提供）

飛鳥の発掘調査成果のうち、近年もっとも注目されたのは、「苑池《えんち》」という、庭園の遺構です。飛鳥宮跡の北西にある、鳥の上半身のような平面形に石でふちどられた人工の池で、首に当たる位置に設けた渡り土手で二つに分かれています（図52）。南側の池には「中島」があり、周囲に多数の柱を立てた跡がみられることから、縁台か舞台のようなものが設けられていたと考えられます。北側の池の、鳥のくちばしに当たるところには、湧き水を水槽に貯めて溝に流す施設があって、ここで水の儀礼をおこなったと推測されます。これらは、斉明大王の時代に築かれ、天武天皇の治世に修復されたと考えられています。歴代大王が、諸臣を集め、海外の使節を招いて儀式や宴を開いた場所だったのでしょう。

強い指導力をもった斉明は、そのほかにもさまざまな土木事業を興し、都の威容を整えようとしました。それが度を過ごしたのか、『日本書紀』にはこう書かれています。「しばしば事業を好み、水工に溝を掘らせ、香久山の西から石上山にまで及んだ。舟二百隻に石上山の石を積み、流れに従って下り、宮の東の山に石を積んで垣とした。当時の人はこれをそしり、「狂った心の溝」だ、人夫を三万余も費やし、垣造りの人夫を七万余も費やし、宮材は腐って、山の奥は埋もれてしまった、と言った。」

斉明によるこの土木事業は、考古学的に特定されています。右の記事で「宮の東に山を積んで垣とした」ものは、その場所で実際に発掘されています。尾根続きには「酒船石《さかふねいし》」とよばれる、水を分け流す儀式に用いた石造物があります。また、その北側のふもとでは、山腹からの湧水を石製の槽で受け流す大規模な流水施設が発見されています。斉明が営んだ水の儀礼の施設でしょう。彼女の墓と考えられる牽牛子塚古墳については、先に説明しました。

寺院と瓦の考古学

最後に、飛鳥時代から建造が盛んになる仏教寺院のお話をしましょう。飛鳥の地域からは外れますが、同じ飛鳥時代の遺産として著名な、斑鳩《いかるが》町の法隆寺です。この法隆寺をめぐって、古代史・美術史・考古学を巻き込んで繰り広げられた有名な議論として、「法隆寺再建／非再建論争」があります。約一三〇年前に始まって八〇年ほど前にほぼ決着のついた古い論争ですが、考古学の有効性を世に知らしめた学史の一幕ですので、紹介しておきます。

現存の法隆寺（西院伽藍《さいいんがらん》）は、明治時代の終わり近くまで、七世紀初頭に厩戸王子（聖徳太子）が建立したオリジナルが遺っているものと信じられてきました。ところが、六七〇年に法隆寺が全焼したとの記述が『日本書紀』にあることから、現存の法隆寺はオリジナルではなく、六七〇年の焼失以後に再建されたとする説が唱えられ、オリジナル説との間で激しい論争が繰り広げられました。

論争に決着がついたのは一九三九年です。現存の西院伽藍の南東に、焼け落ちたもう一つの伽藍の跡が発見されました（若草伽藍《わかくさがらん》）。この伽藍から出た瓦の型式が、現存する西院伽藍の瓦の型式よりも古いことが明らかになりました（文様が単純なものが古い）。また、伽藍配置も、若草伽藍は塔と金堂とを前後に並べる「四天王寺式」で、西院伽藍の「法隆寺式」よりも古い様式であることが判明しました。つまり、若草伽藍が焼け落ちた後に、西院伽藍が造られたことがわかったのです。

年代研究の進んだ現在では、若草伽藍が七世紀初頭、西院伽藍が七世紀後半であることがはっきりし、『日本書紀』の記述と符合します。ただし、西院伽藍の現存五重塔の心柱の木材が、五九四年（＋数年）に伐採されたことが年輪年代法から明らかになるなど、まだ謎を残しています。


第一章で述べたように、考古学の対象となる時代は国家形成で終わりになるわけではなく、この旅にはまだ続きがあります。ただ、文字記録がまだ十分でない古代までが考古学の主役期だということで、旅はひとまず一息ついて最後の章に入りたいと思います。

第六章　過去を知ること、いまを知ること――考古学と現代

現代と過去

人類の誕生から日本の国の形成まで、第二章から第五章までの四つの章にわたる長い旅でした。ここにおよんで自ら問うのは、なぜ、こんな旅をするのか、旅の目的は何なのかということです。もちろん、第一章で述べたように、雄弁だけれども「うそ」や「ほら」もあって偏りも著しい文字記録に比べ、存在自体がまぎれもないモノ（考古資料）は、うまく読み解けば、そこから過去の真実を客観的に復元できるように思えます。しかし、読み解くのが、そのときどきの文化の中で生まれ育った人間である限り、解釈の軸になる思考のしかた、過去の何を解釈するのかという視野、無数のモノの中からどれを選ぶのかという価値づけなどに、かならず主観が出ます。たとえ、モノの分析をコンピューターにゆだねようと、そのような主観性から、私たちは、完全にはのがれることができません。考古学が純然たる自然科学でなく、人文学であらねばならない足かせが、そこにはあるのです。

前章までの叙述のなかで紹介してきた戦争の考古学やジェンダー考古学などは、むしろそ

こを逆手にとって、戦争や性差別のような現代の問題を過去に投影することにより、その起源や本質を明らかにし、現代や未来の社会のために役立てようとするものです。

人類の誕生から国の形成までをあとづけた第二章から第五章までの叙述の全体もまた、実は同様です。つまり、平等原理だった人間社会のなかから不平等が生じ、格差が現れ、支配や服属、抑圧や搾取のしくみができてしまったという現代の問題を過去に投影して、その起源や本質を解明する試みの出発点でもあるのです。

社会が変わるしくみ

歴史を叙述する際につきもののこのような問題が、現代につながる学問の対象として明確に意識されるようになったのは、一九世紀のヨーロッパです。

植民地を求める遠い航海の先で「未開」の社会と出会い、それが自分たちの過去の社会の姿であると思い至り、過去の未開から現代の文明へと「発展」した長いプロセスがあるのだという、ギリシアやローマの古典知とはまた異なった近代知に根ざす歴史の追究が始まることになります。同じころ、地球上のすべての生物は、遺伝と環境の相互関係が作るメカニズムによって今の形へと変わってきたとする「進化」の考え方を、英国のチャールズ・ダーウイン（一八〇九〜一八八二）が明らかにしました。

このような学問的展開の中で、人びとの暮らしや社会や文化が、過去から現代に向けて、どのようなプロセスとメカニズムで変化してきたのか、ということを解明の目的とする学派が、社会学や人類学の中に現れてきます。英国のハーバート・スペンサー（一八二〇〜一九〇三）は、ダーウィンの影響も受け、人間や社会・文化・宗教も含めた自然界全体が、「進化」という原理で変わっていくという見解を唱えました。スペンサーの考え方には、悪名高い「適者生存」のように今日では適切でない観念も含まれ、資本主義や帝国主義を是認する側面もあって、学問体系としてはその後に受け継がれませんでした。しかし、従来の「歴史」（「縄文→弥生→古墳→奈良→平安……」のような国や民族ごとの筋道）とは違う、人類史を貫く普遍的な変化のプロセスとメカニズムがあるのだ、というスペンサーの枠組みは、文化人類学や考古学に大きな影響を与えました。

国家の起源を探る

社会は、過去から現代に向けて変化してきたものだということになると、今の社会をつかさどる最大のしくみで、地球上のすべてのヒトがその下に組織されている「国家」という機構も、一定のプロセスとメカニズムによって出現したことになります。

「国家」とは空気のようなもので、おのずからこの世に存在するものと漠然と考えている人も少なくないでしょう。しかし、「国家」は、人類の長い歴史の中では、きわめて「最近」になって生み出されてきたものです。世界でもっとも古い国家でも、その出現はわずか五〇〇〇年前です（この国家は、今は残っていません）。しかも、このような最古級の国家はごくわずかで、大多数はたかだか一〇〇〇～二〇〇〇年前の紀元後になってから現れました。日本列島で国家が登場したのは、あとで詳しく解説しますが、古く考えると一八〇〇年前の古墳時代、新しく考えると一三〇〇年前の奈良時代になります。

ところで「国家」とは何でしょうか。一般的には、「領域（国土）」「人民（国民）」「権力（政府）」をもった主体のことを指します。規模は、人口でいうと約八〇〇人（バチカン市国）から一四億人以上（中国）までさまざまですが、もっとも多いのは、数百～数千万人規模です。

私たちはすべて、所属する国家に登録され、規則を守り、税を支払い、サービスを受けることを前提に、さまざまな仕事をして暮らしています。私たちの暮らしや生涯は、国家という枠組みの中で、ほぼすべてが成り立っています。また、私たちを取り巻く日々の問題も、多くは国家がその発生源や要因となっています。安全保障、領土問題、隣国との対立、あるいは日本以外の国々で生じているさまざまな問題は、国家そのもののあり方や、国家どうしのいろいろな関係やいきさつの中から現れてきたものです。

国家そのもののあり方に歪みが出たり、国家どうしの関係が悪化したりすると、そこに属する国民の生活や生命がおびやかされる事態が出てきます。そのもっとも極端な事態が「戦争」です。終わってからまだ一〇〇年も経っていない第二次世界大戦にからんで日本がおこなった戦争では、数え方によっていろいろな数値がありますが、三一〇万人もが命を落としました。若い皆さんも、その時代にもし生まれていたら、日本という国家が意思決定をして行った戦争という行為の中で命を落としてしまう確率が、低くはなかったでしょう。

国家は、私たち一人一人の、精神・肉体の両面における生活や生涯・生命に、ものすごく大きな影響を与えます。どの時代のどの国に生まれるかによって、人生はまったくちがったものになります。

国家とは何か

国家そのものが、歴史学の研究対象となった最初の大きなステップが、ドイツのカール・

マルクス（一八一八～一八八三）と、友人で共同研究者のフリードリヒ・エンゲルス（一八二〇～一八九五）が大成した史的唯物論でした。

マルクスが生きた一九世紀のプロイセン（今のドイツをなすことになった王国群のもっとも有力な一つ）では、産業革命によって達成されたむき出しの資本主義と、それに根ざした帝国主義がピークを迎えていました。このような歴史的背景の中で、「国家」は、その負の部分（属する人々を不幸にする部分）を、もっとも極端にさらけ出す時代にありました。

金持ちが経営する大工場で庶民たちは微々たる賃金で働かされ、そこからの利潤を吸い上げた国家は、侵略や戦争を通じて支配を広げ、その実入りがまた金持ちを太らせるという循環。それを目の当たりにしたマルクスは、循環を断ち切り、よりよい社会を築きなおすための仮説や理論を組み上げていきます。

同じような理想をかかげた人々はそれより前にもいましたが（フランスのサン＝シモン伯や、シャルル・フーリエなど）、かれらの考えや行動が対症療法的な社会運動にとどまっていたのに対し、マルクスは資本主義や帝国主義の構造そのものを明らかにすることによって、それをくつがえす道筋を具体的に提示しました。二〇世紀の前半にたくさん出てきた社会主義国は、その道筋の実践でした。ただし、それらの多くは、理念がいつしか権威の代言となり、リーダーがしだいに独裁者となり、ひどい場合はその地位が世襲化されるなどの事態に陥って失敗に終わりましたが。

マルクスが資本主義や帝国主義の構造を明示するときの、もっとも主要な概念として用いたのが「階級」です。階級とは、生産に関して対立する関係にある社会的集団のことです。階級は「支配階級」と「被支配階級」に分かれます。支配階級とは、生産手段を持ち、他人の労働の成果をわがものとすることができる集団です。たとえば、大工場を経営する金持ちは、支配階級です。工場という生産手段をもち、低賃金で労働者を働かせることによって、自分は働かずに食い、財産を蓄えます。ほかに、地主も支配階級です。農地という生産手段をもち、小作人から年貢を搾り取って財産を蓄えます。これに対し、労働者や小作人は被支配階級です。生産手段を持たず（それゆえに「無産階級」ともいいます）、労働の成果は支配階級である工場主や地主（「資本家」ともいいます）に搾取されます。このような、支配階級と被支配階級とが存在する社会を、マルクスは「階級社会」としました。

国家形成の研究の拡がり

マルクスによると、国家は階級社会の産物です。つまり、支配階級（資本家）が被支配階級（労働者や小作人）を支配する「権力のしくみ」として、階級社会のなかから現れたものが国家であると考えたのです。マルクスの共同研究者だったエンゲルスは、ギリシアの古代叙事詩やローマの歴史書、および民族社会の記録や、それに基づいた人類史の記述（ルイス・ヘンリー・モルガン『古代社会』など）をもとにして、階級と国家が原始の社会からどのようにして生み出されたのかを叙述しました（『家族・私有財産および国家の起源』）。この本は、二〇世紀に入ってから、国家の成り立ちやそのプロセスを考古学によって明らかにしていく研究の、バイブルのような存在になりました。

このような壮大な人類史の理論の下で、国家の成り立ちを明らかにしようという考古学や人類学の研究は、学問の中心だったヨーロッパ諸国よりも、むしろ自国の歴史が浅く「観察対象」としての先住民がたくさんいたアメリカ合衆国で、戦後さかんになりました。ただ皮肉なことに、世界の主導権をめぐってソ連（ソヴィエト連邦）と対立していた当時の合衆国では、敵国ソ連の国家イデオロギーの根幹をなしていたマルクスやエンゲルスの思想を、大っぴらに参照・引用することは危険でした。そこで、エンゲルスの枠組みを、それ以後の人類学や考古学のデータで組み立て直した国家形成のモデルが、さかんに使われるようになりました。貧富の差が拡大し、まずは有力な部族が祭祀や戦争を通じて人々を支配するしくみが発達し（首長制）、さらにはそれが制度による支配へと変わったものが国家であるという考え方の枠組みです。

国家の成り立ちを探る研究は、日本では、第二次世界大戦後に、まず文字記録による歴史学の分野で盛んになりました。マルクスやエンゲルスの史的唯物論は、皇国史観の盛んだった戦前や戦中には危険な思想とされ、引用や参照をするとたちまち検挙されるような状況がありました。しかし、敗戦によって皇国史観が倒れ、それに代わる新たな日本史の構築が求められるようになると、それまでアングラの思想であったマルクスやエンゲルスの史的唯物論がいっきに脚光を浴び、戦後の歴史学の主流となりました。資本家と結びついて日本国民を戦争の惨禍に陥れた天皇制「国家」を打倒の対象とみなし、それを実行するために日本の「国家」の起源と成り立ちを明らかにするという機運が高まりました。この中で、エンゲルスの『家族・私有財産および国家の起源』をバイブルとして、一九五〇年代から一九七〇年代にかけて、数多くの研究が発表されました。

それらの中で、考古学による日本の国家の成り立ちの研究にもっとも大きな影響を与えた古代史の研究者の一人が、吉田晶《よしだあきら》（一九二五〜二〇一三）です。吉田は戦前、陸軍士官学校を卒業し、帝国陸軍の将校として敗戦を迎えました。敗戦によって、国家をめぐっての価値観や、国家と自分との関係が一変する状況を目の当たりにした吉田は、国家とはいったい何だろうかと考え、京都大学に入りなおして文献古代史を学びました。のち、岡山大学教授となって、エンゲルスの『家族・私有財産および国家の起源』に沿いつつ、日本の国家形成の研究を深めていきました。

日本考古学の国家形成論

いっぽう考古学では、一九八〇年代から一九九〇年代にかけてが、日本の国家の成り立ちを探る研究のピークとなりました。それを最前線でリードした考古学者が、これまで何度か名前の出た都出比呂志《つでひろし》さんです。都出さんは、エンゲルスや吉田らの研究をふまえて、次のようなものの存在から、日本最初の国家は古墳時代に生まれたと考えました。第一に租税を貯めたとみられる大きな倉庫。第二に人々の労働を集めること（「徭役《ようえき》」）によって建設された巨大古墳や灌漑水路。第三に、古墳の形と大きさで表示した中央と地方の身分秩序（図42、一七九頁）。第四に、甲冑の配布や副葬に示された軍事組織からなる権力機構（図46、一九四頁）。第五に、鉄などを広域にゆきわたせるための、大王を中心とした流通機構。

たしかに、国家の前提となる階級社会が日本列島で成立したのはいつのことかと考えると、それは古墳時代だと考えるのが自然でしょう。長さが数百メートルに達するような大型の前方後円墳は、膨大な数の人々の労働力を集めた巨大な墳丘の中心を一人が占め、華麗な副葬品とともに豪壮な棺に葬られます。いっぽう、その築造に汗を流した大多数の人びとは、遺骸の寸法ぎりぎりの簡素な棺や、ときには素掘りの墓穴に、わずかな副葬品とともに埋められます。ここに、他人の労働をわがものにできる「支配階級」と、それを搾取される「被支配階級」の格差ができたとみるわけです。むろん、第五章で述べたように、現在では古墳に葬られる王とそれを造った人々との間をつなぐ心や意識や世界観の問題を重視します。しかし、経済的な関係を重視する史的唯物論では、やはりそんなふうに、搾取や支配の痕跡として古墳をとらえることになります。

古墳時代の国家の指標

さきに触れた吉田晶は、国家には四つの指標があると述べました。第一に軍隊（公的強制力）、第二に官僚、第三に租税、第四に地方制度です。都出さんの右の考察と重ねつつ、古代時代にそれらが見出せるか、確認してみましょう。まず、第一の軍隊については、前の章でみた埼玉県稲荷山古墳出土の鉄剣に刻まれた「杖刀人」という文字から、地方の有力者が大王直属の軍事力に組み込まれていた可能性がうかがえます。また、大王のひざ元で作った甲冑を各地に給付し、広い範囲の有力者を一律の軍装のもとに組織しました。これらを、古墳時代に公的強制力としての軍隊が存在したことのしるしと、都出さんも考えます。

第二の官僚についても、熊本県の江田船山《えたふなやま》古墳から出土した鉄刀に刻まれた「典曹人」という文字は、さきの「杖刀人」が武官であったのに対して、文官、すなわち文字を扱う官僚の役職名だと考えられています。また、大王の墓を含む近畿の大きな古墳群には、大王やそれを支えた大豪族の墓とみられる巨大な前方後円墳のまわりに、小さな方形や円形の古墳(方墳・円墳)が築かれています。これらの古墳には、武器、農工具、祭祀具などの各種の道具が、それぞれ集中的に多量に埋め込まれています。葬られたのは、それぞれの道具に関わったり、それが象徴したりする職務を専門的につかさどることによって大王に仕えた、官僚的な立場の人物だろうと考えられています。

第三の租税も、古墳時代に存在したと、都出さんは考えました。大阪市の中心部にある法円坂《ほうえんざか》遺跡では、大阪湾の奥にあった入江の口に突き出していた台地の上に、太い柱をぎっしりと立てて巨大な重量を支えることのできる、倉庫とみられる建物が、整然と並んでいたことがわかりました(図53)。大王の政権が各地から徴収してきた米やその他の穀物を陸揚げ

図 53　法円坂遺跡の倉庫群
（上：復元図、右下：復元された１棟、大阪歴史博物館提供、左下：発掘での検出状況、大阪市文化財協会提供）

して蓄えておくところ、すなわち租税の倉庫だったというわけです。

第四の地方制度は、国家の四つの指標の中では、物質的痕跡を見つけ出すのはもっとも困難です。しかし都出さんは、次のような考察から、古墳時代にも中央が地方をコントロールするしくみがあったと考えました。古墳時代は、大王を頂点とする地位や身分が、古墳の規模と形に表示される社会で、大王の古墳は最大規模の前方後円墳です。それが築かれる場所は時代を追って、「奈良盆地南部→奈良盆地北部→大阪平野→再び奈良盆地」というように変転します。この変転は、大王位につく勢力が交替する政治変動を示しますが、それが生じたとき、他の地方でもまた大きな古墳が築かれる場所が移動する現象がみられます。都出さんは、このことを、中央の政治変動に地方も連動していることを示すと理解しました。そして、中央と地方とが政治的につながっていて、中央が地方をコントロールするようなしくみがあったと考えたのです。

国家と私たち

以上のように、都出さんは、考古学の方法によって、日本列島に国家が初めて成り立ったのは古墳時代だと主張しました。ただしそれは、律令という形で制度が整備され、天皇と貴族が常駐する都城が営まれた奈良時代の国家ほど成熟したものではなく、都出さんもそのことを認識していました。そういう意味で、古墳時代の国家はそれとは区別して「初期国家」とよぶべきであることを、都出さんは提唱しました。この考え方は、考古学や古代史の研究者に大きな影響を与えました。

都出さんの研究によって、古墳時代の初期国家から奈良時代への国家へといたる国家成立のプロセスを、よりくわしくたどることができるようになりました。しかし、このような国家成立のプロセスが、どんな要因とメカニズムで、三世紀から八世紀までの日本列島で生じたのかについては、これから本格的に検討していかなければなりません。

なぜなら、日本列島に成立したこの国家は、長い歴史と変転をたどりながらも現代の「日本国」という国家に連続しているからです。国家のもつ普遍的な問題も、「日本国」が固有にもつ問題も、その源は古墳時代の初期国家（大和王権）や、それが成熟した奈良時代の国家（律令政府）にあります。したがって、その成り立ちを探ることは、現代の「日本国」という国家の特性を明らかにすることになり、この国家が、属する人びとの人生を少しでも幸せにしていけるよう、その現代と未来に対して働きかけることにつながります。幸い、現代の「日本国」は「民主主義」を標榜し、そこに属するすべての人に対して、国家の運営（政治）に参与できるしくみが作られています。それを十分に認識し、若い読者の皆さんにはこれからの日本の国家を担っていただきたいと思います。皆さんは国家の付属物ではなく、ときには国家に対峙して、それを良い方向に導いていく意志を持ちうる個人だからです。考古学の学びは、このような意識をもつことにもつながっています。

社会に向き合う考古学

これまで何度か触れたジェンダーの考古学、戦争の考古学、そしていまみた国家の考古学は、それぞれ現代社会の問題を過去に投影して、その成り立ちを明らかにし、本質を探り、人類の現在と未来に指針や展望を与えようとするものです。現代の問題をそのまま過去に投影すること自体を否定し、客観性と科学性にもとづいて人類の過去を復元することを目指す考古学者たちもいますが、私自身は、現代と過去をつないで未来を見とおすために考古学をしてきました。いろいろな哲学やアプローチに根ざした考古学が、互いに否定したり敵視したりするのではなく、認め合って共存する姿が、多様性を尊重するこれからの社会においては理想ではないでしょうか。

考古学が現代社会においていかにあるべきか、ということのような問題そのものが、近年で「パブリック考古学」という考古学の一分野になってきました。日本でのそのパイオニアの一人、東京大学の松田陽《まつだあきら》さんは、パブリック考古学を、「考古学と社会とを結びつける理論と実践の総体」と定義しています。

松田さんとともにパブリック考古学を先導する大阪市博物館機構の岡村勝行《おかむらかつゆき》さんは、それが一九八〇年代以降に、ヨーロッパ、とくに英国で急速に台頭した理由として、次のような三つの社会状況をあげています。

一つめは、考古学の理論が発展して、考古学が中立的かつ客観的に過去を解き明かす学問分野であるという前提が大きく揺らいだことです。さきに述べたように、どれほど科学に強い考古学であっても、この社会に生まれて育った限り、社会の思考法や価値観や世界観に染められた見方でしか過去をのぞけません。そうであるならば、むしろそこに意味を見出し、さまざまな人がいろいろな視点や角度から過去を解釈する機会を認め合うのがいいのではないか、ということです。遺跡や古墳は考古学者だけのものではなく、市民の向き合い方や考え方や楽しみ方も認めていこう、というものです。

二つめは、過去をめぐる政治問題が、各地で意識されるようになったことです。とくに、先住民族とそこの遺跡との関係は、その核になっています。先住民族の遺跡を調査するプライオリティやデータの帰属先は先住民族にあるのか、先住民族でない考古学者はそこにどう関与しうるのか、もとよりその遺跡と今の先住民族とのつながりが科学的にどこまで保証できるのか、といった問題です。日本でも、アイヌ民族がのこしたとされる北海道の遺跡に、この問題があります。さらに視点を拡げると、皇室の先祖として宮内庁が管理する「陵墓古墳」の問題も「遺跡は誰のものか」ということの問題の根本につながってくるでしょう。これらを核に、考古学は社会や政治にどう向き合っていくべきなのかということが考え直されるようになってきています。

三つめは、市場主義の深まりによってますます浮上してきた、考古学とお金の問題です。

なかでも、開発や災害復興にともなう緊急発掘調査は、開発業者による費用負担や公金の投入に大きく依存していて、それだけのお金を費やして得た成果をもっと社会に還元するべきである、という考え方が強まってきました。考古学が具体的にどのように世の中に役立っているのか、何のために考古学はあるのか、という考古学の有用性や存在意義にかかわる切実な問題に立ち向かうことが、考古学者には求められているのです。

教育と広報

このような問題に対処するために生まれてきたパブリック考古学は、具体的にどんな理論をもち、どんな実践（現実へのアプローチ）をしているのでしょうか。松田さんは、次のような四つのアプローチがあると述べます。

第一は、考古学者が専門知識を社会に伝達するためのさまざまな実践です。著書、講演、テレビ番組などのほか、遺跡の発掘現場をそのような実践の場とすることもあります。すでに一九五〇年代に、当時岡山大学の助手であった近藤義郎《こんどうよしろう》は、岡山県山間部の飯岡村《ゆうかそん》（当時）の住民や、学校の教師と生徒たちなどを主導して、月の輪古墳という地元の大型古墳を発掘しました。地域の歴史を地域の手で解明する実践としても先進的な取り組みでした。近

図54　現地説明会
（奈良文化財研究所による藤原宮大極殿院の発掘調査、奈良新聞社提供）

年は、自治体が行う遺跡調査（埋蔵文化財調査）に市民が参加する試みが、いくつかの県や市町村で行われるようになっています。

日本の自治体などが行う遺跡調査で盛んに行われているのは、「現地説明会」です（図54）。発掘期間の後半、だいたいの成果が出そろった頃を見計らって、遺跡の現地で調査員が市民に成果を説明する試みです。その日のために現場に説明板を立てたり、案内路を設営したり、資料を印刷したり、相当の労力と資金を投入し、社会に成果を還元します。この「現地説明会」の充実は、日本の考古学や文化財行政が積み上げてきたパブリック考古学の試みとして、世界に誇っていい内実をもっているといえるでしょう。私には考古学好きの市民の友人がたくさんいますが、その中には、お目当ての現地説明会に参加するため、月に複数回、関西や九州に出かけている人もいます。

第二は、考古学の営みそのものを、宣伝によって社会にアピールする実践です。いわば、考古学のイメージアップによって、社会からの政治的・経済的な支援の向上を目指すものです。あとで説明するように、日本の発掘調査のほとんどは、地方自治体によるものです。日本全国で、毎年約九〇〇〇件の発掘調査が行われていますが、その九八〜九九パーセントが地方自治体による遺跡調査（埋蔵文化財調査）で、残りの一〜二パーセントが大学などの研究機関によるものです。地方自治体が、多額の公金を調査に投入するためには、市民の理解が必要です。また、その自治体に存在する遺跡の保存や活用にも、市民の理解が前提となります。

知名度の高い遺跡は、その自治体の宣伝や観光資源としても価値があります。有名な遺跡の名称をそのまま自治体の名称としているところもあります（佐賀県吉野《よしの》ヶ里《がり》町）。そのために、地方自治体では、遺跡の価値や面白さをアピールし、市民の理解の獲得や宣伝に努めるべく、さまざまな活動を行っています。遺跡や出土品にちなんだキャラクターも、よく見かけるようになってきました。

多様な過去との接し方

第三は、過去の人びとが残したモノには多様な意味があるのだ、という主張と、それにもとづいた実践です。モノや遺跡は、考古学者が研究するためだけにあるのではありません。さまざまな立場の人にとって、それぞれの意味を持ち、それぞれの活用法や楽しみ方がありえます。そうした多様な営みを、可能な限り認めながら、過去の人びとが遺したものを現代社会に還元して未来に伝える試みが、意図して行われるようになってきました。

二〇一九年の「百舌鳥《もず》・古市《ふるいち》古墳群」の世界遺産登録は、遺跡がもつ多様な意味を考える大きな機会となりました（図55）。私たち考古学者には、古墳は研究対象で、学問的に認められない「仁徳《にんとく》天皇陵」などの名称を登録名とする世界遺産登録には反対でした。いっぽう、宮内庁や政府にとっても、皇室の先祖の墓として保護管理してきたものを、世界の人びとが共有する「遺産」と扱うことには抵抗があったでしょう。また、地元の人びとの多くや関連の自治体は、地元の誇りや観光資源としての価値を高める大きな機会ととらえました。このようなさまざまな立場を共存させる形で準備会が組織され、登録に向けての議論を深めました。これは、日本のパブリック考古学の歴史に残ることでした。

近年、古墳には、研究対象という視野を超えた大きな注目が集まり、「古墳女子」などと

図 55　百舌鳥古墳群（写真提供：共同通信社）

いわれるような人たちも現れて、新たな関心の拡がりがうかがえます。このような古墳への新たなアプローチを主導するひとりがシンガーのまりこふんさんです。研究という枠組みにとどまらない視点から古墳を楽しむためのガイドブックを出版したり、古墳を舞台にライブをおこなったりするほか、私たち研究者ともコラボして、自治体の広報活動を展開したりしています。このようなさまざまなアプローチに支えられて、過去の遺産は未来へと伝えられていきます。

第四は、既存の社会や政治の体制に、考古学がどのように関係し、貢献しているのかを、批判的に検証することを目指す実践です。たとえば、考古学が特定の政治勢力と結びついてそれを擁護したり正当化したりすることに利用されていないかなどが、そこで問われることになります。

考古学と政治との悪しき相互依存の例が、第一章でみた戦前のドイツの考古学者コッシナの学説とナチスとの関係です。考古学が政治とからんで悲惨な結果になることは戦後も相次ぎ、二〇〇一年には、アフガニスタンの世界遺産バーミヤンの仏像を、イスラム過激派の政治組織タリバンが破壊するという事件がありました（図56）。偶像崇拝を否定する教義の下で、「仏像」という偶像は存在すべきでないと考えられたのです。過激派の政治勢力ＩＳによる遺跡破壊も今なお継続中です。

また、考古学の今の定説が、特定の人びとや集団の既得権益を守ることにつながっていないかを点検することも、パブリック考古学の重要な実践です。たとえば、モノの解釈が、現代日本社会に巣くう男性中心の考え方にゆがめられ、結果として男性中心の古代史像を復元することになっていないか。この問題意識から、何度か触れたジェンダー考古学や古代史のさまざまな研究が生まれ、考古学では清家章さん、文献の古代史では義江《よしえ》明子《あきこ》さんらが、男性と同じように女性の有力者が活躍する新しい古墳時代像や奈良時代像を示しました。ジェンダー考古学は、パブリック考古学の重要な一翼を担う側面をもっています。

図56　バーミヤン大仏が破壊された跡
（写真提供：共同通信社）

さきほど紹介した都出比呂志さんの国家形成論についても、大和を中心とした国家の早期形成を主張する点においてナショナリズムを助長するものにはなっていないだろうか、といった点検は必要です。国家の考古学や戦争の考古学など、現代社会の問題を過去に投影する営みのすべては、パブリック考古学と十分に連携して初めて、現代や未来の社会に向けての適切な指針となるのです。

遺跡破壊の歴史

パブリック考古学の視点を軸として、現代社会と考古学との関係をさまざまに考えた時、もっとも切実な課題として、遺跡を後世にどう残していくのかという問いに直面します。それは、私たちの日々の生活そのものが、考古学の営みの源となる遺跡（モノの集合体）を破壊しているというジレンマを、どう解決するかという問題です。

日本には、約四四万もの遺跡があります。「○○遺跡」と呼ばれるところが四四万ヶ所もあるというわけです。遺跡というと、何か特別な場所のように思われるかもしれませんが、過去の人びとが暮らし、何らかの痕跡を遺していたらそこが遺跡なのですから、私たちが暮らしている場所の地下には、多くの場合、いつの時代かの何らかの遺跡が、ほぼかならず遺されているのです。

そこで、大きな問題となるのは、私たちが遺跡の上で暮らそうとすると、その遺跡に何らかの影響・変形・破壊などをもたらさずにはいられないことです。私たちは、遺跡を壊しながら生活をせざるを得ないという側面をもっているのです。

この問題は、現代だけのものではありません。古代の人びとが暮らしていた地下にも、その時代より古い時代の遺跡がありました。たとえば、六世紀の終わりから七世紀の初めにかけて権勢をふるった蘇我馬子は、自分の墓（石舞台《いしぶたい》古墳）を造る時、以前からそこにあった先人たちの古墳をいくつも破壊しています。また、八世紀に平城京を造営する時、都市計画の邪魔になる既存の古墳をいくつも壊して、街路や建物を造ったことも発掘調査で判明しました。

以後の各時代も、遺跡の破壊や変形は繰り返されました。もっとも顕著なのは室町時代末期から安土桃山時代にかけてのことで、たくさんの古墳が山城や砦に使われ、改変されました。世界遺産を構成する古市古墳群中の岡ミサンザイ古墳（「仲哀《ちゅうあい》天皇陵」）は、一六一五年の大坂夏の陣の際に豊臣方の出城として使われたとされ、もとの古墳の段築を利用して、郭・土塁・竪堀（斜面に直交する堀）が設けられています。

山城ほどひどい改変はしませんが、江戸時代には古墳の上に神社や祠が建てられた例がかなりたくさんあります。皆さんの身近の古墳にも、そういう例があるでしょう。山城や神社の例は、破壊というよりも「再利用」というべきでしょうが、墳丘が削られたり、埋葬施設が露出したりして、もとの古墳の姿が大きく損なわれるきっかけになりました。

明治時代から昭和初期にかけては、「財物狙い」や知的好奇心による古墳の盗掘が相次ぎました。現在、東京国立博物館に収められている各地の古墳の出土品には、こうした機会に回収されたものがたくさん含まれています。さらに、戦中から戦後にかけては、軍事目的で遺跡や古墳が損壊された例が相当あります。たとえば、岡山市街地を見下ろす丘陵上に築かれた数基の古墳には、頂上に大きな穴が掘られていますが、これは大戦末期の米軍機の空襲に備えて探照灯が設置された痕跡です。基地や飛行場を作るために壊された遺跡は、ほかにもたくさんあります。

破壊と保存のせめぎ合い

敗戦後もしばらくはその余波が続き、大阪府堺市の百舌鳥大塚山古墳は墳丘の長さが一六八メートルの大型前方後円墳でしたが、米軍関係者の住宅建設のために、ほぼ破壊されました。皮肉なことに、宮内庁が陵墓に治定していた古墳は破壊を免れていて、これは陵墓の治定が良い方に働いた「けがの功名」といえるでしょう。

遺跡の破壊が物量的に日本史上最高潮に達したのは、一九七〇年代の高度成長期です。巨大な住宅団地（ニュータウン）や工業団地の建設のため、それまでは考えられなかったほどの広い面積が一挙に開発され、そこにある多数の遺跡が「一網打尽」にされるごとく、十分な発掘調査もされないまま消滅しました。たとえば、この時期に開発された関東随一の住宅団地である横浜市の「港北ニュータウン」は、敷地のほとんどが遺跡に覆われていて、万全の発掘調査ができたのは一部でした。第四章で紹介した弥生時代の大塚遺跡は、その一つです。

このような事態が全国で続発することを憂慮した研究者や市民は、良識ある官僚や政治家とともに、開発に先立って遺跡を万全に調査する体制を、一九八〇年代にかけて整えていきます。この体制のもとでは、地下に眠るすべての遺跡が「埋蔵文化財」と位置づけられました。地中に埋蔵された「文化財」ということですが、文化財は国民共有の財産という含意がありますので、保存の措置を講じなければなりません。しかし、現代の人びとが住居やインフラを作って生活をしていくためには、地下の「埋蔵文化財」をどうしても損壊しなければならない局面が出てきます。

それをどう解決するか、という思案の末に考え出されたのが「記録保存」という考え方です。つまり、開発（住居やインフラの建設）によって「埋蔵文化財」を損壊せざるを得ない場合は、工事に先立って発掘調査を行い、その調査の記録を「保存」することを義務づけるという考え方です。

遺跡を守る制度

「記録保存」の発掘調査を行うための部局や財団が、一九七〇年代後半以降、多くの地方自治体（都道府県や市町村）に次々と設置されていきました。よく耳にする「〇〇埋蔵文化財センター」などの多くは、そのような発掘調査を行う財団です。教育委員会の「社会教育課」「文化財保護課」などの部局が、じかにそうした発掘調査を行うところもあります。さらに、民間活力の導入が叫ばれた一九九〇年代以降は、自治体から委託されてこのような発掘調査を行う民間会社も増えてきました。

発掘調査には巨額のお金が必要です。個人住宅のような小さな調査でも数百万円、大規模な発掘だと億の単位になります。これらのお金は、誰が負担するのでしょうか。発掘調査の原因となった開発が、営利目的の大規模なもの（工業団地・商業施設・住宅＝不動産）である場合は、その主体となる事業者（企業）が負担します。また、高速道路などの公的な事業に伴うものは、関係する国・自治体・公団などが負担します。この原則を、「原因者負担」といいます。ただし、営利を目的としない個人住宅の建設などを目的とした小規模なものは、発掘に関わる費用は国庫（直接的には自治体）から補助されます。

開発にともなう発掘調査においても、調査に至る過程や調査の結果として「重要」な遺跡と判断された場合は、工事を中止して破壊を食い止め、遺跡を保存する措置が講ぜられることがあります。しかし、多くの場合、開発の主体者は、工事の中止と遺跡の保存に強く抵抗し、保存を訴える研究者や市民との間でさまざまなせめぎあいが行われ、裁判に至る場合もあります。有名な佐賀県の吉野ヶ里遺跡は、工業団地の開発の途上で発掘調査によってその重要性が明らかとなり、地元市民や研究者の運動が世論を動かした結果、開発を断念させ、保存することができました。

このようにして保存された遺跡は、一九八〇年代までは、そのまま現状で保存されることが普通でした。日本有数の広大な面積をほこる平城宮跡も、かつては長いあいだ広大な草地で、秋にはススキの名所でした。「大極殿跡」なども、基壇が復元された程度で、知識のある人にしか価値がわからないような保存の仕方でした。しかし、一九八〇年代から二〇〇〇年代にかけて、文化庁の方針は、学問的考察に基づいたものであれば、建物の復元などを実施し、ビジュアルでわかりやすく、誰もが楽しめる遺跡の整備を積極的に行う方向を進めるようになりました。吉野ヶ里遺跡は、国営の「吉野ケ里歴史公園」として、弥生時代の村の景観が大胆に復元されています。さびしかった平城宮跡にも、大極殿などの大型の建物や施

図57　復元された平城宮大極殿（Wikipedia）

設が次々と復元され、面目を一新しています（図57）。

考古学者になるには

日本には、考古学関係の仕事をしている人が、約六〇〇〇人います。大多数は、いま説明した、地方自治体の部局や機関、あるいは民間の発掘調査会社に所属して、開発に伴う発掘調査に携わっている人びとです。これらはよく「専門職」と呼ばれます。いっぽう少数が、私のように大学や研究機関に所属して、狭義の考古学の研究と教育に携わっています。「研究職」と呼ばれます。ただし、研究活動として論文を書いたり学界で発表をしたりしているのは、大学や研究機関に所属している研究職だけではなく、多数は上記の部局・機関・会社で発掘調査に携わる専門職で、分野によってはもっぱら専門職が最先端でリードをしている情景も普通にみられます。日本の考古学の研究が、海外の考古学の研究や他の学問分野と異なるのは、学界では研究職と専門職の区別なく、「全員参加」に近い形で研究を前進させ、学界を営んでいることです。苦労や不安を抱えて大学に長く残らなくても、意志さえあれば研究者としてずっと学界に主体的に携われるのは、考古学という道を選んだ時の大きな魅力の一つでしょう。考古学者になる道は、ほかの学問の「〇〇学者」になる道よりも、ずっと広いのです。別の言い方をすると、考古学は、世間一般の認識よりもずっと、夢を維持したまま「食える」学問なのです。

考古学の道に進むには、考古学の専攻がある大学に進学するのが、もっとも現実的でしょう。日本の大学の考古学専攻では、地方自治体などで発掘調査を行う専門職を育成することに主眼を置いていますので、多くの卒業生はそういう進路を選びます。近年では大学院の修士課程に進学し、その二年次に専門職の試験を受ける人が多いようです。

ただ、一般就職を目ざして、会社員や一般公務員になる人もたくさんいます。考古学で身につけた「モノ」に関する感性の深さ、発掘調査で経験した集団生活やチームプレーの経験などは、社会のどんな分野の活動においても、その人の大きな財産になっています。

また、そのまま博士課程に進学して、研究職を目ざす人もいます。場合によっては、自分の研究内容により近い教員のいる別の大学院にスライド進学する人もいます。専門職に進んだ先であげた実績をもとに研究職に移る人も少なくありません。大学に在籍する研究職の半数ほどは、専門職から移ってきた人です。なお、中国、エジプト、西アジア、マヤ、アンデスなど、考古学専攻の中に外国考古学のコースがある大学もあります。そこに進学して、日本ではなく外国の考古学の研究職を目ざす人もいます。

私自身は、大学院を出たあと、岡山大学の敷地内での開発（校舎の建設など）にともなう埋蔵文化財の発掘調査を担当する専門職になりました。大学に籍を置く専門職という、ちょっと特殊な立場ですが、このようなポストの人びとは全国に数十人います。そのあと、発掘調査や報告書作成の仕事のかたわら進めていた研究の成果をもとにして、同じ岡山大学の考古学専攻に移籍して、教育と研究を二〇数年間おこないました。吉備というすばらしいフィールドを得て、たくさんの学生たちや同僚、発掘現場の地元の人たちに支えられて、成果をあげることができました。そして、五〇代の半ばに入ろうとする二〇一四年に、国の研究機関である人間文化研究機構に属する国立歴史民俗博物館に移り、今度は研究のほか、自分にとっては初めて経験する博物館展示という実践を通じて、過去の人びとがのこしたモノのすばらしさや考古学の楽しさを、みなさんに伝える仕事に大きな比重を置くようになりました。この本もその一つです。いろいろな失敗や苦労もありましたが、ここまで何とか考古学を続けることができたのは、人類全体の過去と未来を見すえて「人」とは何かを探求するという仕事そのものの素敵さと、同じ仕事で仲間となった数多くの「人」たちのすばらしさのおかげです。皆さん、考古学の世界にやってきませんか。

おわりに

私は、考古学の研究者になるつもりはありませんでした。高校時代は天体観察にあけくれる一方で城も好き、という「文理両道」でしたが、試験の点数は文系の方がはるかによかったので、大学は文学部に入りました。城好きの延長から国史（日本史）を専攻しましたが、四年間のほとんどを部活動のアーチェリーに費やし、勉強もそこそこのまま、ふるさと愛媛の地元企業に一般就職しました。一九八四（昭和五九）年のことです。

上司や先輩にも恵まれて仕事にも慣れたころ、大学時代の恩師から電話がありました。大学の紀要に掲載予定の論文がキャンセルされ、穴埋めに私の卒業論文を使いたいから体裁を整えよとのこと。正直「迷惑やなあ」と思いましたが、作業をしているうちに、論文を書いているときに味わった楽しさがよみがえってきたのです。当時の母校には考古学の専攻はなく、恩師の都出比呂志《つでひろし》先生は、国史研究室の助教授として、希望する学生に考古学を教えていました。私もその一人で、夏休みに連れて行ったもらった発掘の楽しさにひかれ、考古学で卒業論文を書いたのですが、アーチェリーをしているのを知っていた都出先生の勧めで古代の弓をテーマにしたのが功を奏し、勉強不足の割にはうまく書けました。この成功体験の記憶が、都出先生から言われた論文の体裁なおしの作業によっていっきに増幅され、その勢いで会社を辞めて大学院を受験したのが、私と考古学との本当の出会いになったのです。もしアーチェリー部に入らず、紀要の論文がキャンセルされるという偶然がなかったなら、私はそのまま会社勤めを続け、大きな失敗もしていなければ課長くらいになって、今年めでたく定年退職を迎えていたことでしょう。

その人生と、今ある考古学の人生と、どちらがうまくいった人生だったのかはわかりません。けれども一つだけ確かなのは、人生をつむいでいく世界として、偶然ではあったけれど考古学にたどりつけたことへの感謝と満足感です。土の中から出てきた小さなモノのかけらから新しい歴史的事実を発見したり、モノに刻まれた文様や造形の美しさを当時の人びとと分かち合うことでその本当の意味を見抜いたり、たくさんのモノの意味づけを一つの体系に組み上げることによって国家が生まれた瞬間をとらえたり、心ときめく経験の連続でした。またその経験を、授業を通じて学生たちに、著書や講演、博物館の展示を通じて市民の皆さんに分かち合い、私と同じように心をときめかせていただく幸せも味わってきました。

最後の第六章で説明したように、考古学の世界にいるのは大学や博物館の研究者だけではありません。地方自治体や民間の調査会社で発掘にたずさわっている専門職の人びとが研究面では主力だし、モノや遺跡をテーマにしたミュージシャンやアーティストもたくさんいます。市民の研究者やコレクター、古墳や遺跡のユーチューバー、博物館や史跡や世界遺産の保存や活用に取り組むボランティアなどなど、形や程度はさまざまながら、人生をつむいでいく世界として考古学を選んでいる人は日本に何万人もいます。

私自身は、自発的に選んだというよりも、偶然が重なって考古学と出会い、そのまま専門の研究者になったわけですが、このすばらしい世界を、どんな形でもいいからぜひ皆さんの人生に織り込んでいただきたく、その出会いを提供するためにこの本を出すことにしました。私も還暦を迎え、歳もとり、病いも経験し、若い皆さんにこの世界を託して去っていくのもうそんなに遠い先のことではないでしょう。この本がそのバトンの役割を果たすことができれば、こんな幸せなことはありません。

最後になりましたが、この本のもととなった授業資料を熟読し、理解し、ときに鋭く的確な質問で私を刺激して下さった駒澤大学文学部の二〇二〇年度「日本考古学概説」の受講生の皆さんに感謝いたします。また、授業資料を本にしたいという私のわがままを聞きとどけ、そのための数多くの助言と援助を下さった筑摩書房の橋本陽介さんに、お礼を申し述べたいと思います。そして、これまでの私の考古学人生を支えて下さった恩師、先輩、友人、同僚そして家族を含む考古学仲間のみなさんに満腔の謝意を示しつつ、筆をおくことにします。

図版出典の報告書一覧

図22：岩手県教育委員会一九八〇『東北新幹線関係埋蔵文化財調査報告書Ⅶ（西田遺跡）』岩手県教育委員会・日本国有鉄道盛岡工事局

図28：松江市教育委員会・財団法人松江市教育文化振興事業団二〇〇五『田和山遺跡群発掘調査報告1 田和山遺跡』松江市文化財調査報告書第99集、穂波町教育委員会一九七六『スダレ遺跡』穂波町文化財調査報告書第一集、津屋崎町教育委員会一九九一『宮司 井手ノ上古墳』津屋崎町文化財調査報告第七集、財団法人高知県文化財団埋蔵文化財センター一九九九『天崎遺跡』高知県埋蔵文化財センター発掘調査報告書三九

図31：福岡市教育委員会一九九九『吉武遺跡群XI』福岡市埋蔵文化財調査報告書第六〇〇集、小松市教育委員会二〇〇三『八日市地方遺跡Ⅰ 第二分冊 遺物報告篇』小松駅東土地区画整理事業に係る埋蔵文化財発掘調査報告書一、山陽町教育委員会一九七七『用木山遺跡 他 惣図遺跡第2地点・新宅山遺跡』岡山県営山陽新住宅市街地開発事業用地内埋葬文化財発掘調査概報（四）、香川県教育委員会一九八七『矢ノ塚遺跡』四国横断自動車道建設に伴う埋蔵文化財発掘調査報告三、瓜生堂遺跡調査会一九八〇『恩智遺跡一：本文編』一級河川恩智川改修工事に伴う恩智遺跡発掘調査報告書、同一九七三『瓜生堂遺跡Ⅱ』、愛知県教育委員会一九八二『朝日遺跡一（本文篇一）』、財団法人横浜市ふるさと歴史財団一九九四『大塚遺跡―弥生時代環濠集落址の発掘調査報告二 遺物編―』財団法人横浜市ふるさと歴史財団

図33：公益財団法人大阪市博物館協会 大阪文化財研究所二〇一五『加美遺跡発掘調査報告書―大阪市中小

規模工場団地造成に伴う発掘調査報告書 前編』

図35：立岩遺蹟調査委員会一九七七『立岩遺蹟』河出書房新社、島根県教育委員会一九九五『出雲神庭荒神谷遺跡』、公益財団法人大阪市博物館協会 大阪文化財研究所二〇一五前掲、高島洋二〇〇三「関西大学博物館所蔵「伝四条畷出土銅鐸」の検討」『関西大学博物館紀要』九、公益社団法人横浜市ふるさと歴史財団二〇一七『権田原遺跡Ⅱ 弥生時代中期編 附：新吉田十三塚遺跡 弥生時代中期編 矢束遺跡 弥生時代中期編』港北ニュータウン地域内埋蔵文化財調査報告四九、平凡社一九七七『世界考古学事典』

図36：小田富士雄・韓炳三編一九九一『日韓交渉の考古学 弥生時代篇』六興出版、立岩遺蹟調査委員会編一九七七前掲、原田大六他一九九一『平原弥生古墳』葦書房、島根大学考古学研究室・出雲弥生の森博物館二〇一五『西谷3号墓発掘調査報告書』島根大学考古学研究室調査報告一四・出雲弥生の森博物館紀要五、福本明二〇〇七『吉備の弥生大首長墓・楯築弥生墳丘墓』新泉社、福井市立歴史博物館・小羽山墳墓群研究会二〇一〇『小羽山墳墓群の研究』、泉森皎一九八二「新山古墳群」（奈良県立橿原考古学研究所『奈良県遺跡調査概報 一九八〇年度』）、平凡社一九七七前掲

図37：田嶋明人一九八八「小菅波4号墳」（埋葬文化財研究会『定型化する古墳以前の墓制 第Ⅱ分冊―近畿、中部以東編―』）、奈良県立橿原考古学研究所編二〇〇一『ホケノ山古墳調査概報』学生社、園部町教育委員会一九九一『船阪・黒田工業団地予定地内遺跡群発掘調査概報』園部町文化財調査報告第八集、矢藤治山弥生墳丘墓発掘調査団一九九五『矢藤治山弥生墳丘墓』、佐賀県教育委員会一九九二『吉野ヶ里』佐賀県文化財調査報告書第一一三集、有田辰美一九九三「下屋敷古墳」（宮崎県『宮崎県史 資料編 考古二』）、財団法人愛媛県埋蔵文化財調査センター二〇〇二『大久保遺跡・大久保一号墳 第一集』埋蔵文化財発掘調査報告

書九四、財団法人愛知県埋蔵文化財センター一九九七『西上免遺跡』愛知県埋蔵文化財センター調査報告書
七三、松本市教育委員会 一九七八『弘法山古墳』、木更津市教育委員会二〇〇二『高部古墳群Ⅰ—前期古墳
の調査—』千束台遺跡群発掘調査報告書六、市原市教育委員会二〇一四「神門五号墳」現地説明板、会津坂
下町教育委員会一九九〇『阿賀川地区遺跡発掘調査報告書』会津坂下町文化財調査報告書第一六集
図43：梅原末治一九三三『讃岐高松石清尾山石塚の研究』京都帝国大学文学部考古学研究報告一二、安来市
教育委員会一九九九『荒島古墳群発掘調査報告書』安来市埋蔵文化財調査報告書二七

chikuma primer shinsho

ちくまプリマー新書389
はじめての考古《こうこ》学《がく》
二〇二一年十一月十日　初版第一刷発行

著者　松木武彦（まつぎ・たけひこ）

装幀　クラフト・エヴィング商會
発行者　喜入冬子
発行所　株式会社筑摩書房
東京都台東区蔵前二-五-三　〒一一一-八七五五
電話番号　〇三-五六八七-二六〇一（代表）
印刷・製本　株式会社精興社
ISBN978-4-480-68413-4 C0220　Printed in Japan